すき間の子ども、すき間の支援

一人ひとりの「語り」と経験の可視化

村上靖彦 編著

明石書店

すき間の子ども、すき間の支援◉目次

第Ⅱ部　すき間からの居場所のつくられ方

第5章　つながりをつくる居場所
――放課後等デイサービスにおける支援の論理　渋谷 亮……148

第6章　個別と集団に橋を架ける
――児童養護施設の混乱と言葉の回復　久保 樹里……183

序章　すき間と力

1　すき間と語り

本書は、社会の中で〈すき間・はざま〉に置かれる子どもと親をテーマとする。〈すき間・はざま〉にあるということは、福祉制度によってカバーしきれないすき間に置かれているということである。制度のすき間は、グレーゾーンだったり特殊事例だったり、場合によっては表に見えにくい虐待や差別だったりといった形を取るだろう。このことは類型化が難しいということを意味する。すき間にある事象は典型から外れるわけであり、統計的な把握では捉えにくい。あるいは、見方を変えると制度が想定しているような典型例というのはそもそも存在しない。すべての人は何らかの仕方で典型から外れる個別の事情を抱えており、その個別性において悩み、力を発揮している。誰かの個別の事情は他の人には当てはまらないのだが、まさにそれゆえに（個別の事情を抱えた）他の人を触発しインパクトやヒントを与えるだろう。

すき間に陥っている子どもや親の一人ひとりが個別の物語をもっている。そしてその〈物語〉は、語り得ない物語であったり言葉にされたことがない物語であったりする。つまり語りにくいがゆえにあいまいな語りを丁寧に聴き取ることで、かろうじて目に見えるようになるような、そういうすき間なのである。そして当事者として現場に巻き込まれるのでない限り、そのような語りを通してしか、私たちはすき間へのアクセスをもたないし、当事者にとっても語りに変換できたときにこそ、そのすき間が意味をもってくる。このような語りの重視という点で、本書は児童福祉領域の多くの論文や書物とは一線を画している。

社会のすき間には貧困や就労、国籍や戸籍の喪失、差別、病や障害、高齢者が抱える困難などさまざまなものがある。それぞれ重要であり多様でもあるのだが、その中で本書では話題を子どもと子育てにしぼる。

さらに、子どもと子育てをめぐるすき間の中で、本書はとくに2つの場面に焦点を当てる。1つは発達障害を中心とした障害のある子どもの中でグレーゾーンにいる子どもが陥るすき間である。もう1つは虐待や貧困といった、逆境が理由で親元で暮らせなかった子どもたちがつきあたるすき間である。

とはいえ本書の構成は、制度や外的なラベリングによる区分によらない。制度から漏れてしまうことがすき間であるのだから、ラベリングを前提にして議論をすることはすき間を強化することになってしまうだろう。本書は、ラベリングではなく当事者の目線から導き出される二部構成を取る。つまり当事者がもつ生き抜いていく力の発露、そして（居場所を失った）すき間から出発して居場所をつくっていく運動である。力の語りと、すき間から居場所がつくられる運動という2つの陽性の方向を取り出したい。

●第I部　すき間にいる人――当事者のリアリティ、エネルギー、ユーモア

第1章（大塚類）では、グレーゾーンの発達障害のある幼児を育てる母親のグループが語る。子どもたちははっきりと診断を受けているわけではないが、それゆえに制度的な支援の外側に置かれてしまう。子どもが保育所や幼稚園になじめなかったり、家族やママ友といった周囲の人々に理解してもらえなかったりと、母親は子育ての中でさまざまな苦労を強いられる。そのような母親が集まるグループで、彼女たちはお菓子を囲んで陽気に語り合う。子どもの障害を受容できなくて葛藤するとはどういうことなのか、親が自発的につくるピアグループの力と意味はどのようなものなのか、明るい語りを通して描かれていく。

第2章（遠藤野ゆり）では、発達障害のある子どもを育てたのち、現在は学校などで他の障害のある子どもたちのインクルージョンをサポートする役割を担っている母親が語る。〈お子さんに障

害があってかわいそうだね、ではなくて、障害のある子どもの子育てはめちゃくちゃ面白い〉と語る、この母親のポジティブなエネルギーはどのようなものなのか考えていく。

第3章（永野咲）では、社会的養護のもとで育った若者たちが語る。児童養護施設などを出た若者は、施設から出ることで1人で社会と立ち向かわなければならなくなるという意味で足場を失う。しかしそれだけでなく18歳までの少年少女に適用される児童福祉法の保護から突然外れるため、制度的に支えを失った状況に陥る。もともと多くの家庭的社会的リソースに恵まれていない中での努力を強いられているにもかかわらず「自己責任論」がはびこる社会に放り出されるのである。

とはいえ、当事者たちの語りはそこから想像されるステレオタイプな逆境のイメージとは大きく違う。社会的養護を経験した若者たちの力強い経験が語られ、そのリアルな姿を描いていく。

●第Ⅱ部　すき間からの居場所のつくられ方

第4章（佐藤桃子）では、子ども食堂と学習支援の立ち上げが話題となる。子ども食堂というと、食事を安定して取ることができない子どものためにつくられるという印象があるかもしれない。しかしここで話題になる子ども食堂は子どもの貧困のためのものではなく、地域の人びとが集うためのものである。子ども食堂に参加する中で、大人たちもまた自分の居場所を見つけていくのだ。

第5章（渋谷亮）では、放課後等デイサービスに参加する子どもや支援者が主人公だ。集う子どもたちは発達障害や知的障害の診断を受けているが、しかし実際には一人ひとりまったく異なる性格をもつ。さまざまな子どもが行き交う混沌の中で、「居場所」は生まれていく。やることと方向性が定められた療育のマニュアルとは真逆のベクトルをもつ、子どもがもつエネルギーに応じた自発性と偶然性に乗っかった支援の場ができていくのだ。

第6章（久保樹里）は、児童養護施設の組織が壊れるという知られていない社会問題（そして社会からの社会的養護への期待と現実とのギャップ）へとどう立ち向かうのか、という課題に取り組んだ支援者の語りである。いったんは壊れた居場所をどのようにつくり直すことができるのだろうか。

第7章（村上靖彦）は、ヤングケアラーとして育ち社会的養護を経験した女性が主人公である。母親の薬物依存を心配し、妹と弟の面倒を見ながら奮闘した女性は、周囲の大人に気づかれることなくすき間で苦しむ。母親の逮捕をきっかけにしてファミリーホームへと入所する。そののち自立への奮闘と大学進学から児童福祉の援助職となるまでの道のりからは、一言でヤングケアラーといってもその困難が単なる家事や介護に収まらないという事実がうかがえる。

2 すき間を生む制度

さて、すき間ができる、ということはすき間を生み出すおおもとの制度があるということだ。日本の子どもの場合は憲法による人権の保障のもとに、児童福祉法と教育基本法によって大枠が決められている。また日本が１９９４年に批准した子どもの権利条約は、守られるべき子どもの人権について明記している。本論に関わる部分では、社会的養護すなわち実親が子育てをすることが難しい場合に、行政の責任で子どもを守り育てる制度について本書に関わる限りにおいて少し触れておきたい。そしてまだあまり知られてはいない放課後等デイサービスの制度や通級などの制度についても少し前提となる事柄に触れたい。すき間が生まれる場所はそのつど異なるのだが、すき間がそこから生じる制度の方は輪郭がはっきりしているのだ。

２・１　発達障害支援

発達障害とは、ＡＳＤ（自閉スペクトラム症）、ＡＤＨＤ（注意欠陥多動症）、ＬＤ（学習障害）など、脳機能の偏りによる複数の先天的な障害をまとめた分類である。重度の知的障害を伴う場合もあれば、異常に高い知能を示すケースもあり、また、こだわりやコミュニケーション、不注意等、その他の偏りの程度も幅広い。そのため、何をどこまでを障害とするか、支援の対象とするか、明確な線引きが難しい。

●児童発達支援

集団、または個別の療育（障害のある、もしくはうたがわれる子どもの発達と自立をうながす治療的支援で、主に未就学児が対象）の必要性を認められた子どもへの支援で、厚生労働省の管轄。発達障害に関して近年は、「早期発見・早期支援」▼1が強く求められ、当事者の子どもとその家族への支援制度がそれぞれつくられてきた。そうした多様な支援制度を、2012年に厚生労働省は一本化し、各地域の「児童発達支援センター」をその中核と位置づけた。このセンターは、早期発見・支援を担うだけでなく、家庭と地域と学校を結びつける中核という役割も与えられている。しかしながら、こうしたたてつけはあっても、他の保育機能と同様、実態は地域ごとに大幅に異なり、自治体によって受けられる支援がまったく違う、ということがしばしばあると指摘されている。

●通級などの学校制度

健常な子どもたちが通う一般的な学校の一般的な学級を「通常学級」と呼ぶ。他方、障害等の程度に応じて、「通級」「特別支援学級」「特別支援学校」が設けられている（文部科学省の管轄）。「通級」とは、学籍は通常学級に置きつつも、特定の科目を専門的サポートの受けられる通級指導教室にて学ぶ制度である。通級指導教室はすべての学校に設けられているとは限らず、近隣の学校まで通うケースもある。「特別支援学級」は、専門的な支援の学級に籍を置きつつ、体育や音楽等の授業を、同じ学校内にある通常学級で学べる制度のことで、一般的に通級よりも困難の重度な子どもを対象とする。「特別支援学校」は、障害の程度や種類に応じて地域ごとに専門的な支援設備の整えられている学校である。文科省の管轄ではあるが、障害者手帳（厚労省管轄）の有無など、在籍の要件は地域ごとに異なっている。また、高校にはほとんど通級制度や特別支援学級がないため、発達障害の子どもが特性を配慮された教育を高校以降受けにくいことも問題になっている。

•放課後等デイサービス（「放デイ」と略）

6～18歳までの障害や発達特性のある子どもが、放課後や夏休みなどの長期休暇に利用できる福祉サービスであり、児童福祉法第6条の2の2第4項に基づいて厚生労働省が設置している。

歴史的経緯を振り返ると、障害のある子どもの放課後支援は長らく、制度的保障がないまま、地域の中で行われてきた。2000年頃から徐々に法的な整備がなされ、2012年の児童福祉法の一部改正に伴って、現在の形となった。ただし事業所のあり方は多様であり、その後の急速な拡大とともに、支援の質をいかに担保するかの議論がなされている。ガイドラインの作成、職員資格の厳格化、報酬改定などが行われたが、かえって安定した運営を困難にしている側面もある。また学童保育などを利用しにくくなり、分離を促すなどの問題も指摘されている。

2・2　社会的養護

社会的養護とは、保護者のいない子どもたち、親の抱える問題によって保護者と共に暮らすことが適切でないと判断された子どもたちを、公的責任において社会的に養育・保護するとともに、養育に大きな困難を抱える家庭への支援を行う仕組みである。社会的養護は児童養護施設、乳児院、児童自立支援施設などの施設養育と里親、ファミリーホームなどの家庭養育に分けられる。

2021年現在、社会的養護のもとには、約4万5000人の子どもたちが措置されている。そのうち56・2％の子どもたちは全国612か所の児童養護施設で生活している（厚生労働省 2021）。児童相談所における虐待相談件数は増加の一途を辿り、2019（令和元）年度は、19万件を超えた▼2。それに伴い虐待を理由に児童養護施設へ措置される割合も増加し、児童養護施設で生活する65・6％の子どもが被虐待体験を有していると報告されている（厚生労働省 2021）。

2017年に出された「新しい社会的養育ビジョン」では、施設でのケアは、「ケアニーズが非常に高く、施設等における十分なケアが不可欠な場合」に限り、「高度専門的な手厚いケアの集中的提供を前提に」「小規模・地域分散化された養育環境」で実施されるものとされ、「その滞在期間は、原則として乳幼児は数か月以内、学童期以降は1年以内とする。また、特別なケアが必要な学童期以降の子どもであっても3年以内を原則とする」と明記された。具体的な数値を示し、施設養育の役割を専門的かつ限定的なものに制限する方針を示した。

3 学問のはざま

序文の最後にもう一言付言したい。本書は子どもたちが置かれたすき間・はざまをテーマとするのであるが、もう1つ別の種類のはざまに関わっている。というのは執筆者が教育・児童福祉・哲学という異質な分野にまたがっており、それぞれの専門分野の「お作法」から逸脱する形で書いているということだ。個別の生活と語りを重視しようとするときに、事例のとり方や提示の仕方に制約がある既存の学問分野の枠組みは、窮屈なものとなる。一人ひとりの声を出発点としたとき、(一般性や妥当性を重んじる)学問のスタンダードから外れることが必要となり、まさにそのことは創造的な効果をもつものであろう。

本書は文部科学省科学研究費補助金基盤(B)「子どもの逆境と支援をめぐる多様な語りと子ども支援から見た社会の構想の研究」による支援を受けた研究の成果である。

注

1 平成16(2004)年に施行された「発達障害者支援法」においても、その第二章は「児童の発達障害の早期発見及び発達障害者の支援のための施策」と設定されている(発達障害者支援法(平成十六年法律第百六十七号))。

2 厚生労働省子ども家庭局家庭福祉課(2021)「社会的養育の推進に向けて(令和3年5月)」https://www.mhlw.go.jp/content/000784817.pdf

第I部

すき間にいる人

——当事者のリアリティ、エネルギー、ユーモア

第1章

笑いと共感
——発達障害傾向にある幼児の母親コミュニティの機能

大塚 類

はじめに

発達障害の早期発見と早期支援の重要性が指摘されて久しい（2004年施行「発達障害者支援法」など）。しかし、適切な判断と確定診断の難しい乳幼児期だからこそ、保護者にとっては、子どもの障害を受け容れることがかなり困難になる。子どもの成長とともに、状況が劇的に変化することもしばしばあるからだ。したがって早期支援には、序章でもふれていたように、発達障害が疑われる子どもに対してのみならず、子どもの障害受容に葛藤する保護者に対する支援も含まれる。こうした支援の場として期待されているのが、保育園や幼稚園といった教育機関と、児童発達支援センターおよび各種の児童発達支援事業所である。

を果たす」。そう聞けば、私たちの大半は、「そうだろうな」と納得することだろう。しかし他方で、自分の子どもの障害を受容する、あるいは受容できずに葛藤するとはどういう心の動きで、そうした保護者を支援するとはどういう営みなのか、具体的にイメージできる人は少ないのではないだろうか。本章では、ある特別支援学校が提供する児童発達支援センターの「幼児発達支援室」に子どもを通わせている母親たちのコミュニティに注目する。そのコミュニティの在りようや、母親たちの語りを通して、彼女たちの葛藤や逡巡《しゅんじゅん》といった切実さだけではなく、笑いや覚悟といった強さを描き出すことを試みる。この描出からは、発達障害傾向にある幼児の母親だからこそ陥らざるを得ない支援のはざまと、そうした母親たちに対してAルームが果たしている（果たすべき）役割が、見えてくるはずである。

1　発達障害傾向にある幼児の母親が陥るはざま

1・1　Aルームについて

Aルームは、ある特別支援学校が児童発達支援センター化することに伴い設置された、幼児発達支援室である。発達障害やそれに伴う知的障害があり、生活や学習に（一部）支援が必要な年少

表1・1　Aルームの対象者と活動内容

	年少・年中	年長	保護者
募集人数	5名程度	5名程度	10名程度
日程	4月下旬から翌年3月上旬まで毎週決まった曜日		
時間	14：30～16：00	13：30～16：00	子どもの時間と同じ
内容	言葉や数にかかわる遊び・造形遊び・音楽遊び・運動遊び・調理活動など年長の13：30～14：30は個別課題に基づく活動を実施する場合もある		個別相談・発達／就学等についての情報提供ペアレント・トレーニング（隔週1時間程度）
目的	在籍園での集団適応や活動参加ができるようになること		保護者支援

出典：Aルームのホームページに基づき筆者作成

（3歳）以上の幼児と、その保護者を支援対象としている。ただし、発達検査・診断・療育手帳の有無はいっさい問わない。支援者は、支援学校の教員が務める。具体的な活動内容等は表1・1のとおり。通っている保護者の置かれている状況はかなり多様だ（表1・2）。

1・2　「手帳も診断もいらないこと」の意味

Aルームに通うようになったきっかけを紐解くことで、母親たちが陥る支援のはざまが見えてくる。彼女たちがAルームを知ったきっかけのほとんどが、乳幼児健康診査を介した、市役所・保健師からの紹介だった（インターネット検索で自力で探した人もいた）。以下、インタビュー▼[1]からの抜粋である。なお、個人情報保護の観点と、本章で考えていきたい内容の特性（誰が語ったのかという個別性を際立たせる必要がない）に鑑み、語りはすべて匿名的な形で引用し、内容に関わりのない範囲で手を加えている。

ある母親は、Aルームを選んだ理由について次のように語る。

表1・2　保護者の状況

メンバー構成	全員女性（20代～60代） 母親代わりをしている祖母1名以外はすべて母親
職業	専業主婦、パートタイム勤務、フルタイム勤務など多様
対象児のきょうだい構成	ひとりっこ、長子、中間子、末子など多様
対象児の障害に関する状況	手帳取得済、診断あり（手帳未取得）、 診断なし（発達検査のみ受診、すべて未受診）など多様
周囲の理解や協力の状況	夫や祖父母の理解や協力がとてもある人から まったくない人まで多様 在籍園の保育者との信頼関係を築けている人から 築けていない人まで多様

ここ〔＝Aルーム〕は、言ったら療育手帳も要らない、何も。言ったら福祉の関係じゃないから、即入れますよって〔略〕まずここの様子を見に来たら、何が魅力的だったかっていうとお母さんの勉強室だった〔略〕私はそれが決め手でした。〔略〕あとは、ずっとこの場がうれしく、楽しくって、子どももなんか楽しい様子なので、続けてます。

別の母親は次のように語る。

その、診断を受けるかどうするかっていう話になったときに、診断を受けなくても行けるところはあるんだよっていうふうに〔保健師に〕言われて。そこはグループ活動を通していろいろ経験できるだけじゃなくって、保護者の方ともお話できる、ペアトレ〔＝ペアレント・トレーニング〕ができるよっていうのをお聞きしたんですよね。それで見学させてもらって、来ることを決めて。１つの大きい理由としては、そのペアトレ。何もかも初めてで、何をしたらいいかわからない。自分の気持ちも誰がわかってくれるんだろう？っていうのがある中で、来てすごい良かったって思うし、その、年代が、年長、年中、年少ある中で、来年何をしたらいいのかなっていう見通しがつけられるので。

前述したように、他の児童発達支援事業所と異なるAルームの特色の1つが、医師による検査・診断や療育手帳の有無にかかわらず参加できることである。引用した2人の言葉からも明らかなように、この特色が、Aルームに通うことになる主要なきっかけとなっていた。

前述したように、確定診断の難しい乳幼児期だからこそ、保護者は、「自分の子どもは発達障害である」と認めることに、例えば、発達検査を受けたり、それをふまえた診断を受けたり、療育手帳を取得したりすることに、大きな葛藤を抱く。そうした状況にある保護者にとって、Aルームは理想的な場だと言える。というのも、Aルームでは、医師による検査・診断や療育手帳がなくても、子どもに対して、在籍園での集団適応や活動参加ができることを目指したさまざまな活動を通して発達を促してくれるからである。同時に保護者に対しても、ペアレント・トレーニング、個別相談、情報提供などを行ってくれるからである。つまり、「自分の子どもは発達障害である」と認めることを留保したまま、子どもも保護者自身も支援を受けられるからである。

発達障害の早期発見・早期支援が目指されているのは、子どもと保護者が、必要とする医療的・福祉的・教育的支援や資源につながりやすくなるからだろう。しかし他方で、何らかの診断名がついたり、療育手帳を取得したりすることは、就学できる学校が限られるなど、子どもの将来の選択肢を制限することにもなりかねない。かといって、判断を留保して将来の選択肢を開いたままにしておけば、子ども（と保護者）が今必要としている支援を受けにくくなり、子ども（と保護者）が生きづらい状況になってしまうかもしれない。子ども自身に明確な意思表示や意思決定がまだ難しい時期だからこそ、保護者によるさまざまな選択が、子どものその後の人生を大きく左右することになる。何かを選べば何かを失う、こうした葛藤状況こそが、保護者の陥る支援のはざまである。

2　母親たちの語り

何かを選べば何かを失う。それでも子どものために常に何かを選び続けなければならない。こうした葛藤状況にある保護者たちは、日々の生活の中でどのような思いを抱いているのだろうか。本節では、周囲との距離、（参加者同士で）同じ／等しい悩み、うしろから見守る支援者、という３つの観点から、母親たちの語りを見ていきたい。

2・1　周囲との距離

●（自分自身も含めた）家族

1・1の表1・2で示したように、家族の理解や協力の状況は人それぞれである。心理面・物理面で夫や祖父母のサポートを受けている人がいる一方で、参加者の1人である祖母は、「発達障害と知的障害があるので、母親がちょっと育児放棄みたいな形になって」[2]、両親の代わりに孫を育てることになったという。また、専業主婦としてワンオペ育児[3]に奮闘している母親は、夫と義理の両親が子どもの特性を受け容れがたい様子について、次のように述べている。

〔夫は子どもの障害傾向を〕絶対受け容れたくないんだと思います。義理の両親とかも「なんか頭がおかしいいんじゃないの？　あなた」みたいな感じで言われるんですよ、もう直接的に。なので、結構しんどかったんですけど、ここ〔＝Aルーム〕に来てすごく気持ちが軽くなりました。

子どものありのままをすぐに受け容れられないのは、父親や祖父母に限ったことではない。保育園になじむことができず、母子ともに登園拒否気味になった時期があったという母親は、考え考え言葉を選びながら、次のように語ってくれた[4]。

何て言ったらいいんやろう、なんか何て言ったらいいんかな……。息子を自分がかわいくないわけじゃないんやけど、世の中から消して生きてきたというか、何か言い方がおかしいんやけど、何て言うかな。〔略〕楽しい、例えばお兄ちゃんの野球の試合っていうのも〔弟を〕隠さんといけん。うーん。友達の家族同士でどっかに行くっていったら◎君を早急に無認可の所に預けんにゃいけんっていう頭の、もう、何と言うかな、あれになっちょって。

何度となくくり返される「何て言ったら……」というフレーズから、当時の彼女の葛藤がうかがえる。別の母親も、同じような悩みを話してくれた。

いやー、もう外に連れて出られないというか。うーん、なんかこの子を連れて出るとぱーっと避けられているような感じがして。どうしたものかなと思って、私も傷つくし、子どもが一番傷つくんですけど。

自分の子どもを「外に連れて出られな」かったり、「世の中から消して生きて」いかざるを得なかったりするのは、以下で見ていくように、ママ友をはじめとする「普通の」人々の視線が気になるからだろう。

●ママ友をはじめとする友人

ほとんど全員の母親が、周囲の友人には理解してもらえないと感じているようだった。ある母親は次のように語る。

普通の子どもをもっているお母さんに、いやちょっとうちの子がこういうところ〔＝療育機関〕へ行っとるんよって言っても、△君、別にそんなん全然あれやけえ、そんな見えんけえと絶対みんな言うんです。でも、なんかそういうのがあるから、ここに通ってるわけであって、やっぱなかなか他のお母さんに相談してもなかなかあれじゃないですか。もやもやは解消されん、というあれやないですか。

彼女の語りに触発されるようにして、4人の母親がいっせいに語りだした▼5。

〔周囲の友人たちとの会話で子育ての大変さについて語ると〕「ああ、そうなん、ああ、そうなん、大変じゃんね、ふーん」と言っておしまい。

とか、元気だからいいじゃんと言う。（うんうん、言われる。）みたいなので、もうそんな気にしなくても大丈夫だよみたいな。いや、でも、実際はこうでこうでこういうところが大変でっていうのとかがなかなか。

あんまりこんこんと言っちゃうとちょっと「そうなんだ……」みたいな。「悩んでるんだね……」

〜〜〜〜〜〜〜
みたいな〈気まずい雰囲気〉になるし。

見えない障害と言われる発達障害は、「一見普通な感じに見えてしまう」ために、家族の障害受容が困難になる。しばしば、しつけの問題として片付けられてしまう。同様に、周囲の友人からも、「気にしなくていい」「普通だよ」「うちも同じ」と慰められてしまう。他方で、友人たちから、「悩んでいるんだね……」と深刻に受け止められるのもしんどい。ある母親の言葉を借りれば、古くからの友人であっても、ママ友であっても、友人たちとは「共感できるところがここまでっていう感じで決まっちゃってる」辛さや寂しさがあるという。本項でみてきた言葉からは、母親たちが、家族や友人といった周囲の人々との関係の中で気を遣い、遠慮しながら過ごしている様子がうかがえる。

2・2 同じ／等しい悩み

●自分だけじゃない

他方、Aルームの参加者同士であれば、「子どもさんそれぞれ違うタイプだけれど、それでもなんか」悩みに共感し合える、と母親たちは口をそろえる。

〜〜 悩みっていうのが同じ、同じっていうか、全く一緒じゃないですけれど、抱えている問題が等しいですよね。それで、何て言うんですか。ここでは、「ああ、うちも一緒よ、同じよ」っていうふうな言葉が返ってくるんですよ、大抵。それで、先輩のお母さん方から、「ああ、こういうときにはこういうふうにしたことあるよ、うちは」というような経験談も聞けるし。

実際、インタビュー中も、医師、療育機関、薬の飲ませ方といった多岐にわたる内容について経験談が飛び交い、情報交換がなされていた。そうした経験談としてあげられたのが、発達障害に理解のある歯科医院を紹介してもらった話である。

それこそせっかく教えていただいたのになかなか電話する勇気がなかったんですよ。〈次に会ったときに〉「まだ、電話する勇気がないんですよ」って私が言ったらそのお母さんが、「わかる、わかる、すごいよくわかる。電話するまでの勇気が大変だった」って言われたから、「ああ、自分だけじゃないんだ」と思って、そういう安心感もありましたね。やっと予約を取りました。

発達障害傾向のある子どもが、新しいものごとに対して強い抵抗感を抱くことはよく知られている。この母親の息子も、新しい場所に連れて行く際には3回以上下見をし、「今度ここに行くからね」と言い含める必要があるという。そこまでしても実際に子どもがどうなるかはやってみないとわからないため、「勇気がいる」のだという。

この語りで印象的なのは、悩んでいるのは、勇気がいるのは、「自分だけじゃない」という言葉だ。「自分／私だけじゃない」という言葉は、2回のインタビュー中に複数の母親から何度も語られた。子どもに備わっている特性や、置かれている状況は一人ひとり異なっていても、同じ／等しい悩みについて共感し合えるという思いが、この言葉に込められている。

●小学校進学の壁

Aルームの参加者全員に共通する悩みとして、小学校の就学問題があげられる。前述したように、母親たちがAルームへの参加を決めた大きな理由の1つが、発達検査や診断や療育手帳取得の必要がない、という点であった。しかし、就学に際しては、特別支援学校を検討するのか、通級指導教室を視野に入れるのか、普通学級のみを選ぶのかを、判断する必要がある。適切に判断するために発達検査や診断を受けるかどうか、療育手帳を取得するかどうかについて、限られた期限の中で決断を下さなければならない▼6。母親たちは、子どものより良い将来を視野に入れながら、何かを選べば何かを失うという葛藤状況に置かれる。以下、少し長くなるが、その葛藤についての語りを引用したい。

就学前やから、診断書とるにあたって、やっぱそのまま何も、何て言うんやろう、何も検査をせずに診断書ってなったら、やっぱこっちもまだちょっと希望をもちたいっていうか、ちょっとあれやないですか。ワンクッション置きたいやないですか。やけえ、その診断書の前に発達検査を受けてみようかなっていうので、〔Aルームの〕先生に相談したんですよね。〔略〕本当見た目じゃあわからんあれ〔＝特性〕やから、やっぱ一番判断が難しいじゃないですか。やけえ、「ああ、診断書書かずにこのまま普通学級に行ってみて、できるんじゃないかな」という考えもあるし、かといって、普通学級に行って、もう最初から全く勉強ができませんでしたってなったら、やっぱ学校に通うの楽しくなくなるじゃないですか。それやったらもう初めっから特別学級のほうに入れて、その、勉強の基礎をちゃんとつけてあげて、勉強ってこんなに楽しいんやというのを。〔お母さんとすればやっぱりね。〕そう。どっちがいいんかなと。これぱっかりはもう入れてみんとわからんじゃないですか。本当悩みどころです。

この語りのあと話題がさまざまに転じ、かなり時間が経ってから、年長児をもつ別の母親たちは以下のように話していた。「どうするかね、しかし、来年小学校」。「地元に傾いているけど、まだわからん。100％じゃない。すごい悩むよね」。

2・3 うしろから見守る支援者

母親たちのこうした葛藤に寄り添い、助言を与えるのが支援者である。支援者について、母親たちは次のように語る。

ここの先生は「いやいやいや、×君どんな感じ?」みたいな感じで、結構、何ていうんかな、聞き出し上手、みたいなところがあって。こっちが言ったことも「うんうん、わかる、わかる。でも、お母さん、これも×君のいいところやけえ」みたいな感じの、(自分が)思っちょることをくつがえして帰らせてくれるような感じの先生なので、なんか。

こちらの先生は、本当、具体的に「じゃあ、お母さん、こうやってみたらいいよ」とか、もう本当今すぐできることをアドバイスしてくださるのですごく助かるし、もうここのお母さん方も生の声を、「今こんな感じ」とか「これやって良かったよ」みたいなことをすごく教えてくださるので、本当にすぐでも使えるというか、役に立つことを教えてくださるから、本当に助かっています。

こうした語りからは、一見すると、指導者然とした支援者像がイメージされるかもしれないが、そういうわけではなさそうだ。

大体、このメンバーとB先生(=ペアレント・トレーニング担当教員)が1人やったら、B先生が負けるけえ。負けるっていう言い方おかしいね。別にけんかをしよるわけじゃないけど。(聞き役ね。）〔B先生は〕「うん。そうね。うんうん。よーし」みたいな感じ。

2回のインタビューいずれにおいても、支援者が少しのあいだだけ同席していた（図1・1）。

「はじめに」で描写したように、母親たちは、テーブルに置かれた山ほどのお菓子を囲んで向かい合い、肩が触れ合うほどの近さに座っている。2回目のインタビュー時、支援者（Aルームの責任者であるC先生）は、母親たちの輪から1メートルほど離れた棚にもたれかかり、にこにこと微笑みながら話を聞いていた。そして、行政とのかかわり方や、療育支援の受け方や、子どもの成長などについて母親たちから疑問が出た際に、適切な情報やアドバイスを述べていたのが印象的だった。支援者のこの物理的な立ち位置が、母親コミュニティにおける支援者の在りようを象徴的に表している。つまり、支援者は、前に立って導く指導者としてではなく、うしろから見守る存在として母親たちを支えている。

さらに母親コミュニティでは、前掲の語りや2・2で引用した歯科医のエピソードが示しているように、教員だけではなく母親も支援者となることを指摘しておきたい。

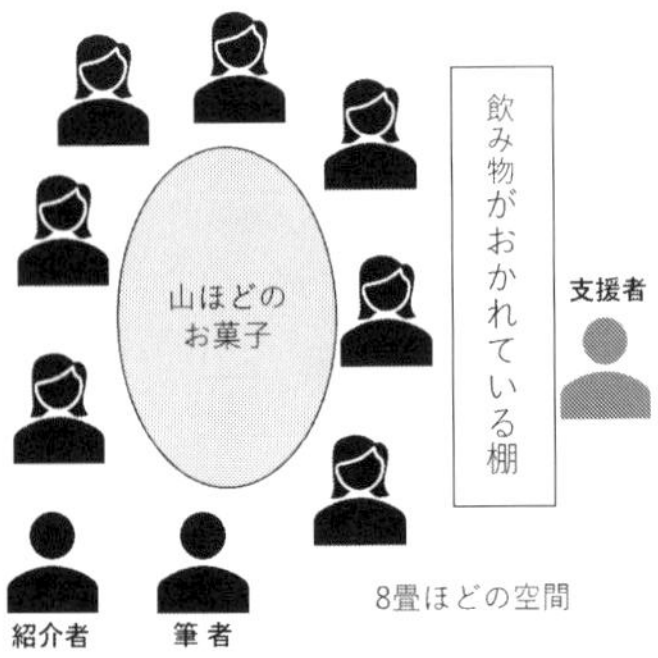

図1・1　インタビュー関係図

3　コミュニティで起きていること

前節では、周囲との距離、（参加者同士で）同じ／等しい悩み、うしろから見守る支援者という3つの観点から、母親たちの語りを見てきた。それをふまえ本節では、Aルームで形成されているコミュニティが、母親たちにとってどのような意味をもっているのかについて考察したい。

3・1　「みんな明るい」コミュニティ

「はじめに」と前掲の図1・1でもふれたように、ペアレント・トレーニングが行われる部屋では、テーブルいっぱいにお菓子や食べ物（手作りも多い）が並ぶ。母親たちは、好みの飲み物を片手に、あちらこちらでさまざまな話を同時並行的に進める。あちらでは「妊娠中の体調について」、こちらでは「地域にある良い療育機関について」、そちらでは「飲み物が熱くてやけどした！」と爆笑が起き、というように。母親たちは、「もうお母さんとかも明るい人ばっかりやし」「（就学で）出ていかれて新しい方が。でも、みんなすごい明るい」「そうそう。うん。いい人ばっかりやし」、と語り合っていた。

ある母親は、Aルームの日常について次のように語る。

とにかく面白おかしくできる。「〔ペアレント・トレーニングで学んだ〕これはできそうやけえじゃあやってみるわ」みたいな話とか、そういうのを共有して、最終的には雑談になって、「これ美味しいよね」みたいな話になって、お母さん同士の。〔ここは、家。〕ちょっとした発散をして。〔Aルームは〕夕方まであるけえ、「もう帰ったら何する？」みたいな。「ごはん何する？」みたいな感じで、みんな解散していくっていうような感じなので。私は無理やり毎月毎月、その、地域のどうしても切れんお母さんと無理やりランチを食べに行くよりも、いいんじゃない？みたいな。

3・2　自己触発によって醸し出される妥当性の雰囲気

「ここは、家」という相槌《あいづち》が示しているように、母親コミュニティは、明るくくつろいだ雰囲気に満ちている。このように私たちは、場の「雰囲気」をなにげなく感じながら日常を過ごしているが、この「雰囲気」とは何なのだろうか。哲学の一種である現象学の知見に基づき考えてみたい。

起きているときの私たちは常に、自分自身の状態によって影響を受けている。例えば、適度な運動をして汗をかけばすっきりするし、心を悩ませる出来事があるとからだまで重く感じる。このように自分自身の状態から影響を受けることを、「自己触発」と呼びたい（中田 1997）。実感しづらいことだが、イスに座って何も考えずにぼんやりしているときでさえ、居る（＝存在している）ことに対して自己触発が起きる。しかも私たちは、いつでも何をしていても自己触発されるというかたちで、自分自身の状態を、意識的にも無意識的にも感じ取り続けている。だからこそ、何か考え事をしていて自分に意識を向けていないときでさえ、「何してるの？」と問われれば、「あ、なんかぼーっとしてた」、と答えることができるのだ。

このように無意識的に感じ取られている自分自身の状態は、それが意識化されて「疲れた」などの言葉にされると、「気分」と呼ばれることになる。一般的には、気分や感情は一人ひとりの脳や心といった身体の中にある、と考える。しかし現象学では、気分や感情を、自分の身体から醸し出されて空間を満たす雰囲気だとみなす（Schmitz 1974）。複数の人々がいる場では、醸し出された一人ひとりの気分や感情が混じり合いながら空間を満たすことにより、「場の雰囲気」が醸成される。例えば、競技場でスポーツ観戦をするとき、人々はその場の熱気や興奮の渦に巻き込まれる。このように、ある空間に一緒にいる人々は、空間を満たしている場の雰囲気に包みこまれるというかたちで、場の雰囲気を共有する（図1・2）。

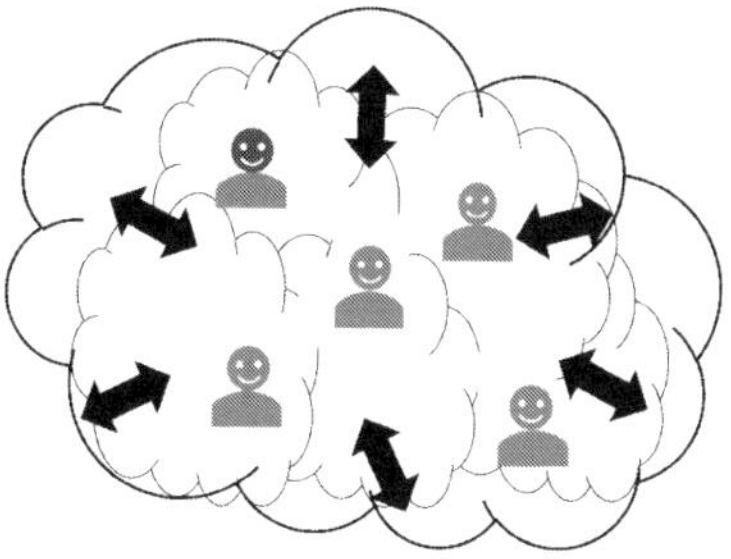

図1・2　場の雰囲気の醸成と共有

場の雰囲気は、その場を構成する人々の状態（＝気分や感情）によって刻一刻と変化する。と同時に、人々もまた、場の雰囲気から影響を受ける。だからこそ、経験的にもわかるように、穏やかな雰囲気に包まれてくつろいだ気持ちになったり、逆に、威圧的な雰囲気にのまれて発言できなくなったりするのだろう。このように場の雰囲気は、「これでいいんだ」という形で私たちの行動を後押ししたり、「そうせざるを得ない」という形で私たちの行動を制限したりする。こうしたとき場の雰囲気は、そこにいる人々の行動に影響を与える「妥当性の雰囲気」として機能している（フッサール 1995）。くり返しになるが、雰囲気は、行動や存在を支えるというポジティブな意味でも、制限するというネガティブな意味でも、人々に影響を与える。したがって妥当性とは、ポジティブ・ネガティブに関わりなく、「この場ではこれがふさわしい」という感覚を意味する。私たちは、場を構成する人々と「妥当性の雰囲気」を共に醸成し、共有しながら、この雰囲気に左右された行動をとることになる。

3・3　母親コミュニティにおける妥当性の雰囲気

●笑いによる雰囲気の醸成と肯い《うべない》

この「妥当性の雰囲気」という観点から、母親コミュニティを見てみよう。

インタビューを実施した2時間半×2回のあいだ、母親たちの笑顔と笑い声が絶えることはなかった。飲み物が熱い、お菓子が美味しい、といったささやかなことに対してだけではなく、周囲から理解してもらうことの難しさ（2・1）や、子どものこだわりの強さ（2・2）といった一見すると深刻な話も、笑顔で語られ、語り手も含めたみんなに笑顔で受け容れられる。正月明けに実施した2回目のインタビューでは、長期休暇で子どもと24時間一緒にいて大変だったという母親が涙をこぼしたが、周囲の母親たちは笑顔で声をかけていた。「いいよ。しっかり泣いて、ここで。○君の前で泣いちゃいけんけど、ここでしっかり泣いたらいい」。「出すのも大事です」。「そんだけ頑張ってるんですよ。……美味しいものがいっぱいあるし。いきますか（＝お菓子食べますか）？」、と。涙をこぼした母親は、「泣いちゃったよ～笑」と泣き笑いしながら、渡されたお菓子をほおばっていた。

このように笑いが絶えない母親コミュニティは、明るく楽しくくつろいだ雰囲気に満ちている。前述したように、コミュニティでは、自分の置かれている状況の愚痴を言ったり、就学問題といった深刻な悩みを吐露したり、日常生活の辛さから涙をこぼしたりすることはすべて、笑いと優しさとともに受け容れられる。このとき母親たちは、「ここではこうしてもいいんだ」という形で妥当性の雰囲気に肯われている。

この妥当性の雰囲気を醸成し、維持する役割を果たしているのが、「笑い」（＝笑顔と笑い声）なのだろう。場の雰囲気とその場の構成員の状態（＝気分や感情）は、構成員の状態が場の雰囲気に影響を与えると同時に、構成員もまた場の雰囲気から影響を受ける、という循環関係にある（3・2）。経験的にも明らかなように、喜怒哀楽の感情を身体的に表現するとき、例えば、笑ったり、怒鳴ったり、泣いたりするとき、私たちは強く自己触発される。こうした感情の身体的な表現の中でも、笑いは、周囲に伝播する力が最も強いのではないだろうか。誰かが笑っていたらつられて笑ってしまったことが、誰しもあるように。

母親コミュニティに笑顔と笑い声が絶えないのは、場の雰囲気に備わる循環作用によって、母親たちの笑いと、その笑いが生み出すポジティブな雰囲気が増幅され続けるからなのだろう。母親コミュニティの妥当性の雰囲気は、笑いによって維持され増幅されることによって、母親たちを肯い続ける。3・1で引用したように、Aルームの構成メンバーは「明るい人ばっかり」、と母親たちは口をそろえる。しかし、ここまでの考察をふまえれば、母親たちが生来明るい性格であるというよりは、母親コミュニティで醸成される妥当性の雰囲気に支えられて、（少なくともAルームでは）みんな明るくポジティブになるのかもしれない▼[7]。

●「普通」であれること

2・1で見たように、特に友人関係において母親たちは、「他のお母さんに相談してもなかなか……もやもやは解消されん」「共感できるところがここまでっていう感じで決まっちゃってる」と言わざるを得ないような、理解してもらえなさを感じている。その結果、自分の子どもをかわいいと思っているにもかかわらず（思っているからこそ）、「外に連れて出られな」かったり、「世の中から消して生きて」いったりせざるを得なくなる。

妥当性の雰囲気という観点からすると、友人たち、保育園／幼稚園といった日常生活のコミュニティにおいて、母親たちは、そこで醸し出されている妥当性の雰囲気を共有できない、と言える。前述したように、妥当性の雰囲気は、目で見ることも言葉にすることもできない無意識のレベルで、意識のレベルにおける私たちの行動を支えている。周囲の人々の言動に違和感や失望を覚えるとき、母親たちは、周囲の人々のそうした言動に妥当性を与えている場の雰囲気も同時に感じ取っている。だからこそ母親たちは、自分がその場では「普通」ではないことを痛感させられ、緊張や遠慮しながら言葉を選んだり、自分（や子ども）の振舞いに気を遣ったりせざるを得なくなる。自分のこうした振舞いによって、彼女たちは、場の雰囲気へのなじめなさをさらに強く感じ、さらに萎縮する。こうして日常生活のコミュニティは、彼女たちにとって安心できる居場所ではなくなる。

他方、Aルームのコミュニティにおいて母親たちは、妥当性の雰囲気に支えられる形で、「自分の置かれている状況の愚痴をこぼしたり、就学問題といった深刻な悩みを吐露したり、日常生活の辛さから涙をこぼしたりしてもいいんだ」、と実感しているようにみえる。この実感は、他の母親たちの、「私だけじゃない」「わかる」「うちも一緒」という言葉と笑顔によって確証される。ここでも大きな役割を果たしているのが、笑いである。

前述したように、笑いは、雰囲気という（見ることも言葉にすることもできない）無意識のレベルで母親たちを肯っている。と同時に他方で、日常生活の辛さや愚痴がまるで笑い話であるかのように笑顔で語られたり、深刻な相談が明るい笑い声とともにみんなから共感されたりする。このとき笑いは、言葉や意味といった（見ることも言葉にすることもできる）意識のレベルでも、母親たちを肯うことになる。どんなことでも笑いながら語れるのだから、どんな語りでも笑いとともにみんなが受け容れてくれるのだから、みんなと一緒に自分でも笑い飛ばせる程度のことなのだから、私たちみんな大丈夫、というように。

このように笑いによって無意識／意識の双方向から肯われることにより、母親たちは、このコミュニティでは自分の存在も、自分の振舞いもすべて「普通」として受け容れられている、と実感できるのではないだろうか。だからこそ、Aルームのコミュニティの中で彼女たちは、語りたいことを存分に語り、泣きたいときには存分に泣き、というように、のびのびと自由に振舞っているのだろう。このように普通であれる喜びが、「同じ／等しい」「自分だけじゃない」「みんな」という語り（2・2）として表出された、と考えられる。

●自分たちのための自分たちだけの場

前述のとおり母親たちは、日常生活のコミュニティでは自分たちの普通でなさを痛感させられ、自由に振舞うことができないでいる。そうした彼女たちにとってAルームの母親コミュニティは、ある母親の言葉を借りれば、「本当に貴重で……本当に宝物みたいな」場になる。というのは、くり返しになるが、母親コミュニティにおいて彼女たちは、どんなことにも笑い合ったり、多岐にわたる事柄について語り合ったり、お菓子や飲み物を分け合ったりすることを介して、自分たちで妥当性の雰囲気を醸成し、共有できるからだ。こうしたAルームにおいて、彼女たちは、子どもの障害について葛藤状況にあるということも含めて、みんなと一緒に普通でいられるからだ。

Aルームを満たしている妥当性の雰囲気を、母親たちは、自分たちだけで醸成し、共有しながら維持し続けている。だからこそ母親コミュニティは、彼女たちのための、彼女たちだけの場として機能する。「ここは家」という言葉どおり、誰に気兼ねすることのない彼女たちのホームとして機能する。こうしたホーム、自分たちが作り出した自分たちだけの場は、日常生活において周囲の眼差しを気にしたり、ママ友コミュニティからはじき出されたりして「普通」でいられない母親たちにとって、まさに「宝物」なのだろう。

1回目のインタビューでは、他の療育機関の母親コミュニティや研修についても語られた。ある母親は、児童相談所が提供する母親コミュニティの「なんか雰囲気が無理やった」ため、一度しか参加しなかったという。別の母親は次のように語る。

> 他の療育の場でもいろいろ研修会があるんですよ。それ、ほとんど座学。一方的に聞くばっかり。「何かご質問ありますか」って言われても、全然知らない人のところじゃなかなか「はい」と手をあげられないですよね。でも、ここだったら、本当、先生との距離も近いですし、お母さん方もみんな一緒っていう感じで、〈略〉すごい楽しいなと思っているので。

こうした語りからは、他の療育機関が提供するコミュニティを、母親たちがいくぶんアウェイな場として感じていることがうかがえる。他方、2・3で引用した、「大体、このメンバーとB先生〈＝ペアレント・トレーニング担当教員〉が1人やったら、B先生が負けるけえ」という語りからは、

Aルームの母親コミュニティが自分たちのための自分たちだけの場であることを、他ならない母親たち自身が強く感じていることがうかがえる▼8。母親たちが信頼している支援者であっても、完全な意味ではコミュニティの一員になれない。それがわかっているからこそ、支援者は、図1・1（34頁）で示したように、母親たちの輪から少し離れたところで彼女たちを見守っていたのだろう。支援者は、見守りながら必要なときに助言するというかたちで、母親コミュニティの妥当性の雰囲気を補完する役割を果たしている、と言える。

おわりに――Aルームのインフォーマルな役割

以上、本章では、幼児発達支援室Aルームの母親コミュニティに着目し、彼女たちの語りから、彼女たちの抱える葛藤状況、つまり、彼女たちが陥る支援のはざまについて描くことを試みた。

●支援のはざま

Aルームに子どもを通わせている母親たちの多くは、発達検査を受けたり、診断名や療育手帳を取得したりすることに迷いを抱いている。「自分の子どもは発達障害である」と認めることは子どもの将来の選択肢を制限してしまうかもしれない一方で、認めないことで子どもが現在必要としている支援を受けられなくなるかもしれない。子ども自身に明確な意思表示や意思決定がまだ難しい時期だからこそ、保護者によるさまざまな選択が、子どものその後の人生を大きく左右することになる。何かを選べば何かを失う、こうした葛藤状況こそが、保護者の陥る支援のはざまの1つである（1・3）。

判断を留保することの不都合は、母親自身にも降りかかる。保育園／幼稚園のママ友や以前からの友人たちとのコミュニティにおいて、母親たちは、自分の子どもと自分は普通ではない、と痛感させられる。そうしたコミュニティにおいて、彼女たちは、構成メンバーによって共有されている妥当性の雰囲気に肯われることができない。そのため彼女たちは、居心地の悪さを感じ、コミュニティからはじき出されてしまう。さらに他方で、発達障害に関するさまざまな判断（検査、手帳取得、進路選択等）を留保している彼女たちは、発達障害の子どもをもつ保護者のコミュニティに加わることが、（参加する権利がないという意味で）実質的にも、（障害受容の途上にあるという意味で）精神的にも難しい（3・3）。発達障害のグレーゾーンに身を置かざるを得ないことにより、母親たちは、日常生活に安心できる居場所を見出せなくなってしまう。このことが、保護者の陥るもう1つの支援のはざまである。

●Aルームの役割

保護者が陥るこの2つのはざまを埋める役割を果たしているのが、Aルームである。Aルームで提供される時間・空間・コミュニティに支えられる形で、母親たちは、何かを失うとしても何かを選び、さらに進んでいく力を、みずから育んでいく。

日常生活に居場所を失っている母親たちにとって、Aルームは理想的な場を提供する。その1つの理由は、判断を留保している状況のまま、子どもも保護者も十分な支援を受けられるからである（**1・3**）。

2・2で述べたように、子どもが年長の年齢になれば、母親たち全員が、小学校就学の壁に直面する。判断を留保し続けるのか、ある母親の決断のように発達検査だけは受けるのか、診断まで進むのか、母親たち全員に何らかの決断が迫られる。ここに、Aルームと支援者のフォーマルな役割を見ることができる。その役割とは、判断を留保している保護者と子どもに十分な支援を行うことを介して、保護者の抱える葛藤や決断しがたさをまずはそのまま受け止め、寄り添うことだろう。具体的には、ペアレント・トレーニング、個別相談、情報提供を介して、保護者が自分の葛藤と向き合い、決断するための素地を作る手助けをすることだろう。こうした信頼関係を基盤として、支援者は、就学に際する保護者の決断を後押しできるのだろう▼9。

Aルームが母親たちにとって理想的な場であるもう1つの理由は、Aルームで形成されるコミュニティが、彼女たちのための彼女たちだけの場（居場所／ホーム）として機能していることにある。そのように機能し得るのは、**3・3**で述べたように、笑いを基調としながら、さまざまな事柄について語り合い、飲食を分かち合うことによって、母親たちが自分たちだけで醸成し、共有しながら維持し続けている妥当性の雰囲気に満たされているからである。母親たちは、「自分はコミュニティのみんなと一緒に普通だ」という安心感に支えられながら、どんな内容でも語りたいことを存分に語り、泣きたいときには泣き、ありとあらゆることに大笑いし、というように、Aルームで自由に振舞っている。他方、支援者は、母親コミュニティの自律性を全面的に肯定し、必要なときに助言する以外は、文字通り一歩下がって見守っている。支援者はこのようなかたちで、母親コミュニティの妥当性の雰囲気を補完する役割を果たしている。Aルームと支援者のこうした役割は、支援者の当初の想定を超えた、インフォーマルな役割だと言えよう。

ここまで何度も、Aルームで母親たちの囲むテーブルが、手作りやお土産のお菓子であふれていたことについて述べてきた。次回もっていくお土産を選んでいるとき、母親たちは、「先週のお菓子はあれだったから」とか、「○○君ママは甘すぎるものは苦手だから」という形で、母親コミュニティについて思いを馳《は》せることになる。このとき母親たちは、Aルームでのこれまでの時間（過去）を思い出しながら同時に、次回のAルームでの時間（未来）を生きている。さらに、シュークリームやパンといった手の込んだお菓子を手作りするためには、材料を購入するところからはじまり、場合によっては数日かかる工程を経る必要がある。数日間かけてお菓子を手作りしたり、「今度は何のお菓子を差し入れしようかな」と思いをめぐらせたりしているとき、母親たちは、お土産を選んでいるときと同様、日常という現在にいながら、同時に、Aルームでの時間（過去と未来）を生きていると言える。

Aルームに実際いないときもそこでの時間を生きられることは、日常生活のコミュニティにおいてしばしばアウェイ感を覚えざるを得ない彼女たちにとって、大きな支えになっていると考えられる。だからこそ毎週のように、誰かからのお土産や誰かの手作りのお菓子がテーブルに並ぶのだろう。Aルームにいない日常生活においても、Aルームと母親コミュニティが彼女たちを支えていること、このこともまた、Aルームのインフォーマルな役割の1つなのかもしれない。

注

1　×年8月（保護者7名）と×＋1年1月（1回目と同じ保護者5名。途中まで支援者1名）の計2回、それぞれ約2時間半にわたり、座談会形式のインタビューを行った。1回目は、「Aルームに通うようになったきっかけ」と「Aルームのいいところ」を全員に聞き、2回目は次年度の就学先について年長児の保護者2名に聞いた。2回とも、残り時間は自由に話してもらった。会話内容は、参加者の了承を得たうえで2台のICレコーダーで録音し、逐語録を作成した。なお、引用文中の（　）は筆者による補足である。

2　本文中でインタビューの語りを引用する場合は、「　」に入れて書体を変える。以下同様。

3　ワンオペ育児とは、ワンオペレーション育児の略語であり、何らかの理由で家事と育児のすべてを1人で担っている状況を指す。

4　母親が語ったまま、方言の混じる場合があるが、そのまま引用する。以下同様。

5　引用文中の（　）は他の母親による相槌を意味する。以下同様。

6　Aルームのある自治体では、何らかの支援を必要とする場合には、就学年の前年度の11月頃に教育委員会に希望を出し、3月に就学する学校が決まるそうである。

7　ただし、第2章で遠藤が考察しているように、支援が必要な子どもの母親であるということは、支援のはざまを自力で乗り越え続けるために明るくポジティブであらざるを得ない、ということなのかもしれない。

8　2回のインタビューは、いずれも途中から、彼女たちの日常会話へと回収されていった。インタビュー中でも気になることがあれば、母親たちは、「インタビュー中なのにごめんなさい」と留保をおいたうえで、語り手の母親に質問をしていた。彼女たちのこうした振舞いは、母親コミュニティの妥当性の雰囲気に彼女たちが全面的に肯われており、自由にくつろいで過ごせていることを示している。2時間半のあいだ、対話は母親たち主導で進んでいったため、筆者はほとんど口を開くことがなかった。

9　最終的にはほとんどの子どもが、診断を受けるところまでは進むようである。

文献

フッサール、E.（1995）『ヨーロッパ諸学の危機と超越論的現象学』中央公論新社

中田基昭（1997）『授業の現象学――子どもたちから豊かに学ぶ』東京大学出版会

Schmitz, H.（1974）Das leibliche Befinden und die Gefühle, *Zeitschrift für philosophische Forschung*, Nr28

第2章

発達障害児の母親の生き生きとした語りからその強さを読み解く

遠藤 野ゆり

はじめに――障害が軽度であることによるひずみ

発達障害に関する支援[1]が行き届かない例の中には、皮肉にも、障害が軽度であることが要因になっていることがある。沖田・君（2015）は、知的障害の認定基準よりも若干ＩＱ値の高い子どもが、特別支援学級や特別支援学校に入学できず、通常学級で勉強についていけずに不適応状態に陥る事例を紹介している[2]。他にも、「普通に見えるのにね」と気遣いから出たであろうママ友の言葉に「わかってもらえない」とかえって落ち込む例、病院や保育園で「そんなに自分の子どもを病気にしたいの」と言われて傷ついた例[3]など、発達障害のある当事者やその家族は、さまざまな壁に日々直面する。

本章で紹介するマルちゃん、こと丸山達夫君（高校生［仮名］、以下同様）も、母親の華枝さんとともに、こうした問題のもとで生きてきた1人だ。3歳児健診で体重計に描かれたアニメのイラストを怖がってぎゃあぎゃあと泣きわめいても「また今度測りましょう」とスルーされ、小学校に入学後は宿題やテストなど未提出の課題が山積みになっても放置され、広汎性発達障害▼4という診断にたどりついたのは、8歳のことだった。さらには診断後も、支援の制度や質が不十分なために、マルちゃんは困り、華枝さんは傷つく、という日々が続いた。発達特性のある子ども専用の通信制のA高校に、中学2年次▼5に出会って初めて、たくさんの専門心理士らのもとで、特性に合わせた教育を受けられるようになったマルちゃん。華枝さんは、わかってもらえなかったことがわかってもらえ、わからなかったことを教えてもらえる、そんな状況に、心底安堵《あんど》したという。

筆者は、このA高校にボランティアとして週に1〜2日通っており、そこで、マルちゃんと華枝さんとに出会った。華枝さんは、学校でお会いするときも、インタビューをお願いしたときも、いつも明るく「はいはい、どうぞどうぞ、喜んで」と応じてくれる、朗らかで快活な女性だ。「うちの子、ほんとにおもしろいんだから」が口癖の華枝さんには、一見すると、障害のある子どもを育てる苦労といった雰囲気はみじんもない。しかし、これまでの歩みを詳しく知ると、想像を絶する困難の積み重ねだったことがうかがえる。

華枝さんにかぎらず、障害のある子どもをもつ親の中にはときに、苦労の「く」の字もないかのような、明るく快活で元気な、強い人がいる。一緒にいると圧倒され、腑抜《ふぬ》けにされ、そしてやがてこちらにエネルギーが満ちてくるような、この強さは、なんなのだろうか。単なる「人柄」で片づけることのできない秘密が、そこにはあるのではないか。それどころか、障害支援のはざまを生き抜くということの本質が、そこには凝縮されているのではないだろうか。本章は、華枝さんの語りから、この問いに迫りたい。

1　発達障害のある子どもや家族が置かれるはざまとは何か

1・1　マルちゃんのこと

最初に、マルちゃんについて、簡単に述べておきたい。マルちゃんは、中学時代は柔道部、重量級の大きな体を、しかし高校の教室では小さくかがめて静かにゲームにいそしんでいる、シャイで穏やかな少年だ。自分から人に話しかけることはほとんどないが、話しかけると、はにかんだ笑顔で応じてくれる。IQ値は90弱で、平均よりわずかに低い程度のはずだが、高校入学段階での学力は小学4年生水準にとどまっていた▼6。

一見すると、勉強が少し苦手なだけのごく普通の高校生にも見えるが、生活の面では、ときにシビアな問題が生じる。その1つが、ゲームで数十万円も課金してしまった、というようなトラブルだ。課金の仕組みを十分に理解できていなかったことに加えて、発覚したときには叱られることを恐れて「自分はやってない」と言い張るなど、十分に思慮のあるとはいえない行動をとってしまうことがある。また、昼食を他の人と取ることができず1人で食べるなど、コミュニケーションや集団活動に若干の苦手意識を示すことがある。不慣れなことや予想していないことに遭遇するとパニックに陥ったり、少しでも精神的負荷がかかると疲れて体調を崩してしまうといった繊細さも、もちあわせている。

学校でのマルちゃんの勉強の様子を見ていると、ＩＱ値に比べて学力の伸びない理由が見えてくる。1つにはそれは、マルちゃんが基本的に受け身だということだ。A高校では、1日の過ごし方を、スタッフと相談しつつ自分で決める。しかしマルちゃんは、何時に勉強を始めるか口頭で約束しておいても、スタッフから声をかけられるまでぼんやりしている。また、質問があると自分からスタッフに声をかけることになっているが、マルちゃんはわからないことがあっても、彼の手の動いていないことに気づいたスタッフが「どう?」と声をかけるまで、じっと黙って座っている。温厚な性格もあり、誰に迷惑をかけることもなく静かにじっとしているために、これまでの学校では置き去りにされてきてしまったのだろう。

X年11月、華枝さんに、マルちゃんについてインタビューをした▼7ことで、これまでのマルちゃんの成長について、じっくり聞くことができた。その概要は、以下のとおりだ。

華枝さんとその夫との間に、長男として生まれたマルちゃん。実は華枝さんの夫も、3歳下の次男も、発達障害の診断を受けているという。3人の診断にまでこぎつけたのは華枝さんだったが、先にも述べたように、幼少期から華枝さんはマルちゃんの育ちに違和感を覚えており、しかし保育園でも小学校でも「よくあること」「ちょっと発達が遅いだけ」と済まされてきたという。ひょんなきっかけから、小学校2年生の終わりに支援とつながれ、その時点で広汎性発達障害の認定がおりたマルちゃん（「ほら、やっぱりそうじゃん」というのが当時の華枝さんの思いだったという）は、小3から中2まで、制度上の理由による一時的な中断（次節で述べる）をはさみつつ、週1回、近くの別の学校の通級指導教室に通っていたという。中2のとき、現在通っているA高校のプレプログラムに参加するようになり、そのままA高校に進学している。高校では、複数の心理士や教員から、発達特性に合わせて、インターネット授業や個別指導などを中心に授業が受けられ、マルちゃんの学力はかなり上がった。そしてそれ以上に、先のことを考えて計画的に行動したり、人前でプレゼンしたりなど、これまで苦手だった行動ができるようになってきた。

いってみれば、マルちゃんのように軽度の発達障害に対する支援は、ないわけではないが、すきまだらけなのだ。マルちゃんは、診断を受けるまでもまた受けたあとも、ひんぱんにその支援のはざまに落っこち、華枝さんがなんとかそのマルちゃんを引っ張り上げる、といったすれすれの状態に繰り返し置かれ続けており、高校でまた支援の端《はし》っこに這い上がった、といえる。

1・2 支援のはざまの具体

華枝さんとマルちゃん、2人が経験した支援のはざまとは、なんだったのだろうか。具体的に羅列してみたい。

1つは、保健師ら専門家の理解が得られず、必要な支援にたどりつくまでに時間がかかったこと。1つは、「大丈夫」「よくあること」といった周りのポジティブな姿勢がかえって、マルちゃんと華枝さんの抱える困難を見えづらくしてしまったということ。1つは、学校などの支援体制に限界があり、途中で打ち切られてしまったり、障害の程度に合ったちょうどよい支援が受けられなくなってしまうこと（マルちゃんの例でいえば、利用希望者が多すぎるため、障害の軽い子どもは通級利用の上限を3年と定められており、小6のときは通えなかった）。1つは、通級指導教室と在籍級の交流の時間をそれぞれの担任が嫌がるなど、通級指導の方針が曖昧だったこと。1つは、医療にかかっても、子どもたちの学校生活の具体的な支援は得られないこと。1つは、マルちゃんの穏やかな性質や愛らしさもあってか、かわいがってくれた担任教師が、なんとか通常学級に来させようと働きかけてきたが、それは支援を打ち切ることになってしまうという矛盾をはらんでいたということ。

最後の問題について、華枝さんは、中学3年生の担任を例に、次のように語っている。マルちゃんのことを「ちゃんと逆に見てくれてるからこそ、もっとできるから伸ばしてあげたいのにっていう思いが〔先生に〕芽生えちゃうんですよ。〔略〕でもやっぱりそれって私たちにとってはすごく、なんだろう、申し訳ない気持ちになっちゃうんですよ。〔略〕ありがたいってそう思うけど、なん、どうしたらいいかなじゃあ、だけど応えられないもどかしさ」。この担任教師から50分間にわたって「『ここ〔＝在籍級〕来ればさあ』って言われ続け」る電話を受けたとき、マルちゃんは、「もう辛くて。もう立ってもいられない、辛くて辛くて。〔略〕どんどん顔色悪くなって」いったという。

このように見てみると、支援を分断させてしまうものは、制度的な不備や周りからの無理解だけでなく、周りからの善意もであることがわかる。制度を整備していくことも、周りの理解を得ることも、非常に難しく困難な道のりであることは間違いない。しかし、そうした道のりの中で、むしろ理解を示そうとする人からの「ありがた迷惑」にどう対応するか。どちらに進もうとも身動きのとれない状態に陥ってしまう（ありがた迷惑も、無理解の一部ではあるのだが）。

1・3　はざまを埋めていく

このような、にっちもさっちもいかない状態に置かれながらも、先に述べたように、華枝さんは底抜けに明るい。特に、診断がおり、マルちゃんには何か特別な事情がある、という華枝さんの直感が認められてからは、「あとはもうパラダイス」だった、という。

そのパラダイスはどのようなものだったのか。筆者からすると、「華枝さんがたゆまぬ努力によってつくりあげた支援の枠組み」だと思われるが、華枝さんはそれをあくまでパラダイスと、すなわち天から与えられた楽園だと言い、次のような内容を語ってくれた。

華枝さんがまず取り組んだのは、ＰＴＡ活動に熱心に参加することだったという。マルちゃんが小学2年のときにＰＴＡ役員になり、その活動を通して、学校との対話を続けていったという。その中で学校も「だんだん話を聞いてくれるようになってきて、で風向きが変わってきた」。こうした姿勢の背景には、「支援してほしいって言うんだったらやっぱ言える立場（＝自分も相手の役に立つ立場）にならなきゃいけないって思った」という、華枝さんの考えがある。

また、講座に通いつめるなど華枝さん自身が障害に関してできるかぎり学び、そしてそれを発信していく主体にもなっていったという。支援制度の不十分さにも見られるように、学校や教育委員会も含め、発達障害についての知識が十分に広まっていなかった当時、華枝さんは、支援される側であるよりもむしろ、発信する側になることで、必要な支援体制を少しずつつくっていったのだ。

さらに華枝さんは、マルちゃんが卒業したあとの小学校で、自らが支援員として活動するようになっていく。その背景にあるのは、自分の子どもが得られた支援を、必要としているすべての子どもに行き渡らせたい、という思いである。ＰＴＡ活動を通して華枝さんは、教師が日々どれだけ大変な仕事を担っているかを目の当たりにしていった。そして、「担任が私と話してそういうふう（＝適切な関わり）になったとしても、それが他のお子さんにも同じように活かされるかって言ったらやっぱ、先生も気を遣う」のだ、「お母さんにもやっぱり（厳しい現実を）言えない」のだ、と感じたという。だとしたら、自分自身が今度は支援者になって、すべての子どもたちが支援を受けられる仕組みをつくりたい。支援を要する他の子どもが「腫れもの（に）触るように扱われる」という状態を「見かねて支援員に」なったのだ、という。

華枝さんの歩みは、まずは被支援者（マルちゃん）の代弁者として、支援を訴える立場にたち、次いで、必要な支援体制を考え、発信していくという支援整備者の立場になり、最後には、自らが支援者の立場にたつ、という道のりをたどっている。支援を受ける側に甘んじるのではなく、支援のはざまを自ら埋めていくという強い能動性が、そこには感じられる。

華枝さんがこのように変わっていった背景には、次のような華枝さんの気づきがある。華枝さんは、PTA活動を通して、教師もまた支えを必要としていることを実感した、という。その事情を、華枝さんはこう語る。

> どんな先生でも、〔略〕先生が言っ〔てくれ〕たことで〔子どもが〕できたことは▼[8]伝えないと、やっぱね、〔保護者から要求を〕一方通行で言われても。なんの反応もないじゃん、あの子たちなんて。良くなるわけでもないし。

さまざまな工夫をしてみても、障害のある子どもが、すぐ目に見えて変化するわけではない。華枝さんは、教師が感じるであろうこうした徒労感に思いを馳《は》せ、先生のおかげでできるようになったことはひとつひとつ先生に伝えたい、という。

このように気づけるということは、華枝さん自身がこうした徒労感をいやというほど体験したことを物語っている。次節で述べるが、華枝さんは、マルちゃんを、またマルちゃんへの関わり方の試行錯誤を、楽しくておもしろいものと形容する。しかしその背後には、さまざまな工夫をしてもうまくいかないという、今回のインタビューでは直接語られることのなかった、苦しい時間がたくさんあったことが推察される。だからこそ華枝さんは、おそらくは自分がしてほしかった、そして誰からもされることのなかった、「おかげでこういうことができるようになりました」という成果報告を、教師に積極的に伝えていく行動をとるのではないだろうか。

2 母親の語りに見られるポジティブさ

足りない支援はつくりだす。はざまは埋めていく。1節では、そんな華枝さんの具体的な歩みをみてきた。それにしても問わずにはいられないのは、そのような力強い歩みを支えているものはなんなのか、ということである。

障害のある家族を抱える人びとの生活が、さまざまな面で苦労や困難とセットになっていることは、想像に難くない。華枝さんの語りにも、華枝さん自身が苦労とは語らないとしても、診断、進学、学業、さまざまな面で苦労があまりある。特に丸山家では、華枝さんの夫もまた発達障害で、その診断に至るまでのさまざまな葛藤や、夫の家族からの心ない言葉、そして障害ゆえの夫の仕事の困難など、子どもの問題を抜きにしても、困難の多い状態である。それなのにというよりも、それだからこそなのか、華枝さんの言葉は、ポジティブな彩りに満ちている。そしておそらくこの彩りこそが、支援のはざまを自ら埋め状況を変えていくという、華枝さんの力強さの源なのだろう。

そこで本節では、華枝さんの語りに着目し、その言葉ににじみ出てくる華枝さんの哲学を探りたい。

2・1　恵まれていたという語り

華枝さんは、診断が出たあとは辛いことは何もなくパラダイスだったが、そう思えるだけ自分は恵まれていた、ともいう。例えば、次のように語る。

本当に当時〔＝小3〕の通級の先生がすごく良い方やっぱり揃ってたんです〔略〕。すごい環境良かったんですね。だから通級に行ったらすごくそういう、なんか相談できたし、で必ず〔答えを〕返してくれる、絶対に。まだその方いらっしゃるんですけど、本当にすごい方〔が〕いらしたので、助かった。

おもしろくて、中1・2のときの担任が、〔略〕いち早く彼の特性みたいなのなんか見抜いてくれて、男の人だったけどすごく良かった。で、その先生が背中をすごい押してくれて、A高校の話〔を〕したら「そういうところがあるならぜひ行ったほうが良いよ」って。「むしろ学校に来るよりもぜひそういうとこ使ったほうがいいよ」って言ってくれるほうだったから。

ここで語られているのは、通級クラスの先生方や、中学1・2年の担任のことだ。他にも、小2

のときに出会ったカウンセラー、特別支援相談センター、小5の担任、柔道部の顧問、A高校やA高校の校長と担任、そして障害のある次男など、ほとんどあらゆる人のことを華枝さんは「すごい人」「すばらしい人」と語る。実際にはこうした人々や、背景にある制度は、そのとき必ずしも華枝さんを助けてくれたばかりではなかった。そうだとしても、すべての人がそれぞれに自分を支えてくれた人だ、と華枝さんは言うのである。

2・2　「楽しい」「おもしろい」という語り

何事にも感謝し「すばらしい」と評する華枝さんは、優しく謙虚で、人の良いところにいつも目を向ける人柄なのだろう。しかし華枝さんの印象は、そうした模範的な道徳性よりも、明るく元気で朗らかなユーモラスさのほうが強い。その理由の1つに、しきりに「楽しい」「おもしろい」と言っては笑い転げる様子がある、と考えられる。

2時間の語りの中で、「おもしろい」という言葉は17回、「楽しい」という言葉にいたっては40回も出てくる。例えば華枝さんは、教師たちの無理解に苦労させられたにもかかわらず、その教師たちに対して「おもしろい」という形容詞を多用する。保育園の先生は、マルちゃんが年齢相応の発達をしていないことをいくら華枝さんが指摘しても、そのうちなんとかなりますよ、というような反応で「スルーされた」が、それでも「その先生もなかなかおもしろい先生だったんだけど」と華枝さんはいう▼9。「すごい」「すばらしい」というストレートな表現だけでなく、おもしろいというユーモアを含んだ表現を加えることで、華枝さんの言葉は、押しつけがましさのない、軽さを含んだほめ言葉になるように見える。

この軽さは、一般的にはネガティブとされる息子の特性に対しても発揮される。小学6年の頃、日常会話の中で出てきた「チェック〔＝格子柄〕」という言葉に対して、マルちゃんは、「チェックって何？」ときょとんとしたという。その反応が、華枝さんには、すごくおもしろいことだった、というのだ。

は？ってなるじゃないですか、は？って。「ちょ…待って、チェック知らねえの？」って言って。そしたら、そしたら言われたのが、「なんで、じゃあどこで習ってるの？なんでみんな習ってないのにそれを知ってるの？」って言われたときに、もうこれよくなんか講座とか聞きに行ったら言うやつじゃん。え、そうなんだ。ほんとそうなんだ。本当に私たちがさ、自然に取り入れるいろんな情報が本気で入ってない。〔略〕それすごいおもしろいこと聞いちゃったなって思いましたけどね。〔略〕おもしろいよ、反応がおもしろくてね。本当にね。〔略〕「頭の中に何入ってんの」とか言ったらさ、本当真剣に答えるしさ。「いやいや、頭の中入ってないよ」って。あはははは。

チェックという日常語を知らない。これは、華枝さんが語るとおり、テキストや講習などで示される、障害の典型的なエピソードである。いわゆる良いこと、能力の高いことに対してポジティブであることは、容易だ。他方、障害を意味するこのようなエピソードに対して、やっぱり障害なんだと落ち込んだり、障害だと思いたくないがために子どもを勉強不足だと怒ってしまう親もいるだろう。テキストに載っているような典型的なことが、本当に息子の中で起きている。これをおもしろいと笑える、華枝さんの軽やかさ。

この軽やかさは、華枝さんの2つの姿勢からくる、と考えられる。1つは、何事に対しても「しょうがない」と受け止める、雑駁《ざっぱく》な明るさだ。これについては、次節で考察する。もう1つは、華枝さんのもつ独特のドライさだ。

学んだことが目の前に現われることをおもしろいと捉えるということからは、華枝さんが、息子や自分をいつもどこかで客観視し、一定の距離をもって眺める冷静な視点を備えていることがうかがえる。次の言葉は、そのことを端的に物語っている。

> 私、それ〔＝息子のトラブルに対応すること〕が楽しいんですよ。多分先生たち〔＝筆者〕と一緒で、〔息子がどう変化するのかが〕研究対象でしかないというか。〔略〕こういうときこう思ってんだとか、これはできないんだとか、これできなかったら次こうやってみたらどうかとか、そういう楽しみ方をしちゃっているんで。

何かが変わったりわかったりすることに対する知的好奇心が、華枝さんは大きいのだろう。我が子を研究対象と言って笑える華枝さんには、障害やその苦労をめそめそと嘆く暗さはなく、カラリと明るく受け止める度量があるのだ。

親として我が子をいとおしく思う気持ちと同時に、そんな自分たちを一定の距離から眺める冷静さ。そんな華枝さんだからこそ、「もう楽しく進んできたので、なんかその変わっていくことが。なんかすごい、うん。うれしいなとか」という心境で、マルちゃんとの日々を過ごしてきたのだ、と考えられる。

2・3　しょうがない

何ごともおもしろがる華枝さんの背後にあるもう1つの、「しょうがない」という言葉。しょうがないという言葉には、やれやれというため息を伴いつつも、事態を肯定的に受け容れるニュアンスがある▼10。華枝さんはさまざまなことを、しょうがない、と表現する。

例えば、子どもの学力についての、「とにかく私気にしないので。だってしょうがないじゃん」という語り。学校からの関わりが不十分だったことも「やっぱり義務教育だからしょうがない」という語り。家族が何かをしでかしたときについての、「怒ったってしょうがないし。怒りはわいてこないんですよ。疲れるけど。ああまたやったかあってなるけど、別にイライラっていうんじゃなくて、だからすぐ忘れるっていうの、忘れるしかないじゃないですか」という語り。

子どもの学力の停滞も、周りからの支援不足も、家族のしでかす不始末も、すべて、望んでいない出来事である。望んでいない出来事が起きることは、どうしようもない。だから抗《あらが》いもしない。このように捉えて、華枝さんはそれらを、笑いとともに飲み込む。いや、飲み込むというよりも、受け流す。と同時に、湧いて出てくる怒りも、おそらくは徒労感も悲しみも、仕方ないと受け流す。そんな華枝さんの言葉は、どんと胆が据わっている。

だって慣れるよ、そんなのがいてごらんなさいよ、家に。もう、本当に散々いろいろだからもう。本当に散々やらかされてたんで、もう、ちょっとのことじゃ驚かない。ああそれがあるんじゃない？〔略〕根本にたぶん。かわいいもんなんだよだから、屁《へ》でもないみたいな。

3　生き生きとしていることの正体

自ら能動的に支援をつくりだす。大変なことこそ、おもしろいと意味づけ、多くのかなわないことは「しょうがない」とやり過ごす。マルちゃんをはじめとする家族、困っている他の人々を助けるために精力的に動き続ける華枝さんの、この途方もないエネルギーの正体はなんなのだろうか▼11。

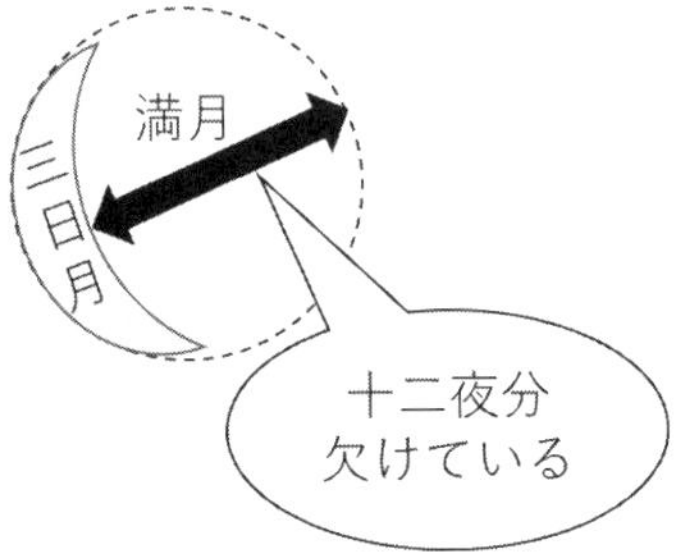

図2・1　人間の意識を生み出す「三日月」

出典：Sartre（1943）を基に筆者作成

3・1　可能性を生きる人間

そもそもの前提として、人が何かをするということは、する前にはその何かがまだ得られていないからである、ということを、まず確認しておきたい。水を飲むのはのどが渇いているからであり、まだのどの渇きが潤されていないからだ。華枝さんが支援をつくりだすのは、支援がないからであり、笑い飛ばすのは、笑えない今の状況を笑えるものにしたいからである。つまり、人が何かをなすときには、そのことを意識するかしないかは別として、何かが「ない」状態なのである。

哲学者のサルトルは、この「ない」という状態に着目し、人間の本質は「無」である、と表現する。例えば三日月。弧を描くその形を、「三日月」、すなわち「満月に対して十二夜分欠けている形」とみなすのは、人間が、三日月を見ながら、無意識のうちに満月をも捉えているからである（図2・1）。本来人間にとっては、意識しようがしまいが、すべてが「何かがない状態」なのである（Sartre 1943: 129）。

人は自分自身をも、何かが「ない状態」として捉えている。本を読むのは、まだ読んでいない先のページに書かれていることが知りたいからである。つまり、まだ本を読んでいない「今」の私は、「未来」において本を読み終えた状態を実現するべく、存在している。このときの私は、読むという行為を、まだ実現していなくても、可能性としてすでに備えている。このように、可能性を備えるという形で、人はいつもすでに今、未来を部分的に生きている、といえる。こうしたことから、サルトルにならって、人を、「可能性を生きる存在」と捉えたい。

読むという行為は、選択されるまでは、まだ実現されていないため「可能性」という形にとどまっている。しかし、いざひとたび実現されれば、これは可能性ではなく、実際に起きた出来事、事実になる。「読んでいない」という「ない」は解消される。けれども、再び人は、新たな「ない」の中に置かれる。次の単語、次の行、次のページを、いまだ読んでいない。したがって人は永遠に、次の「ない」状態を埋める行為を実現しつつある、という仕方で、未来の可能性を常に生きている、といえる。

華枝さんの例で考えたい。通級に通えるようにすること。通級と在籍級の双方が学校同士でうまく連携できるようにすること。一見するとわかりづらいマルちゃんの障害について、周りの人たちがより深く理解してくれること。華枝さんが実現させたい状態は、華枝さんが動き出さないかぎり、まだ実現していないままにとどまっている。それらを実現するために、華枝さんは、実際にさまざまな可能性を実現し、事実にしていく。PTAの役員を引き受けること、発達障害について勉強すること、自分の時間を割いて支援員のボランティアを買って出ること。こうした営みはすべて、よりよい支援を実現させるために必要なことだと、華枝さんは捉えている。

サルトルが指摘するように、高い山を登ろうとする人にとって、道をさえぎる大きな岩が、単なる風景ではなく邪魔なものに感じられるのは、その人が山を登るという可能性を実現しようとしているからである（Sartre 1943: 562）。はなからあきらめている人には、岩は越えがたい障壁となり、登れそうだと一歩を踏み出す人には、岩の周りの地盤の確かさや岩の凸凹のひとつひとつが、自分の可能性の実現を後押ししてくれる環境になる。すると、華枝さんが自分を「恵まれている」と捉え、周りの人を「素晴らしい」と捉えているということは、華枝さんが単に模範的な道徳的人間なのでも、恵まれていると無理に自分を励まし鼓舞しているのでもなく、周りの人々から助けられていると実際に感じている、ということなのだ。過酷な状況も恵まれた状況だと心の底から実感できる。これが、華枝さんの強さなのだろう。

3・2　人の雰囲気と可能性の実現の仕方

華枝さんと同じ状況にあり、同じようにより良い支援を望んでいても、支援がないことを嘆いたり、愚痴るばかりの人もいるだろう。華枝さんのこうした営みの止まることのなさ、大きく一歩を踏み出していく力強さは、華枝さんが生き生きと明るく、軽やかであることの源である、と考えられる。

私たちは人を見て、「生き生きしている」「活力がある」と感じることもあれば、「落ち着いている」とか、あるいは「うつうつと停滞している」といった印象を抱くこともある。元気に活動している人、すなわち何かの可能性を次々と実現している人を見ると生き生きと活力を感じるように、人それぞれの雰囲気をつくりだすのは、その人が未来の可能性をどのぐらい力強く実現しようとしているかによる、と考えられる[12]。

時間にはいくつかの種類がある。その1つ、物理的に流れる時間は客観的なものであり、誰にとっても同じように未来の時間はやってくる。しかしそれはあくまで物理的な時間であって、これからやってくる未来をどのように実現しようとしているかは、人それぞれ異なっている。例えば愚痴を言うばかりの人は、自分自身で新たな未来をつくりだそうとしているというよりは、物理的な時間の流れによって周囲の状況や制度が変わるのをただ待っている、といえる。他方、華枝さんのように、新たな支援をつくりだそうと行動する人は、未来の変化を待つのではなく、自らその変化を生み出し未来をぐっと手繰り寄せている、といえる。

比喩的に捉えてみよう。人は、物理的時間という川の流れに、自分自身の可能性というボートを浮かべているようなものだ。何もしなくても、川の流れとともに状況は変化し、どこかの未来へと漂着することはできる。しかし、自らオールでぐっと未来の水を捉えかき出せば、物理的な時間の流れは変わらなくても、捉えた未来を実現するための可能性を今生きるという仕方で、その人自身は前へ前へと突き進んでいる。未来の可能性の実現に向けてオールを漕ぐという形で、はるか遠い未来を、すでに部分的に生きている。ボートの上でじっと座りぼんやりと岸辺を見ていても、景色は流れに応じて変化していく。しかし、先を見据えてオールをかき出す人は、ずっと遠い未来までその視界に捉えており、常に新たな未来を生きている[13]。

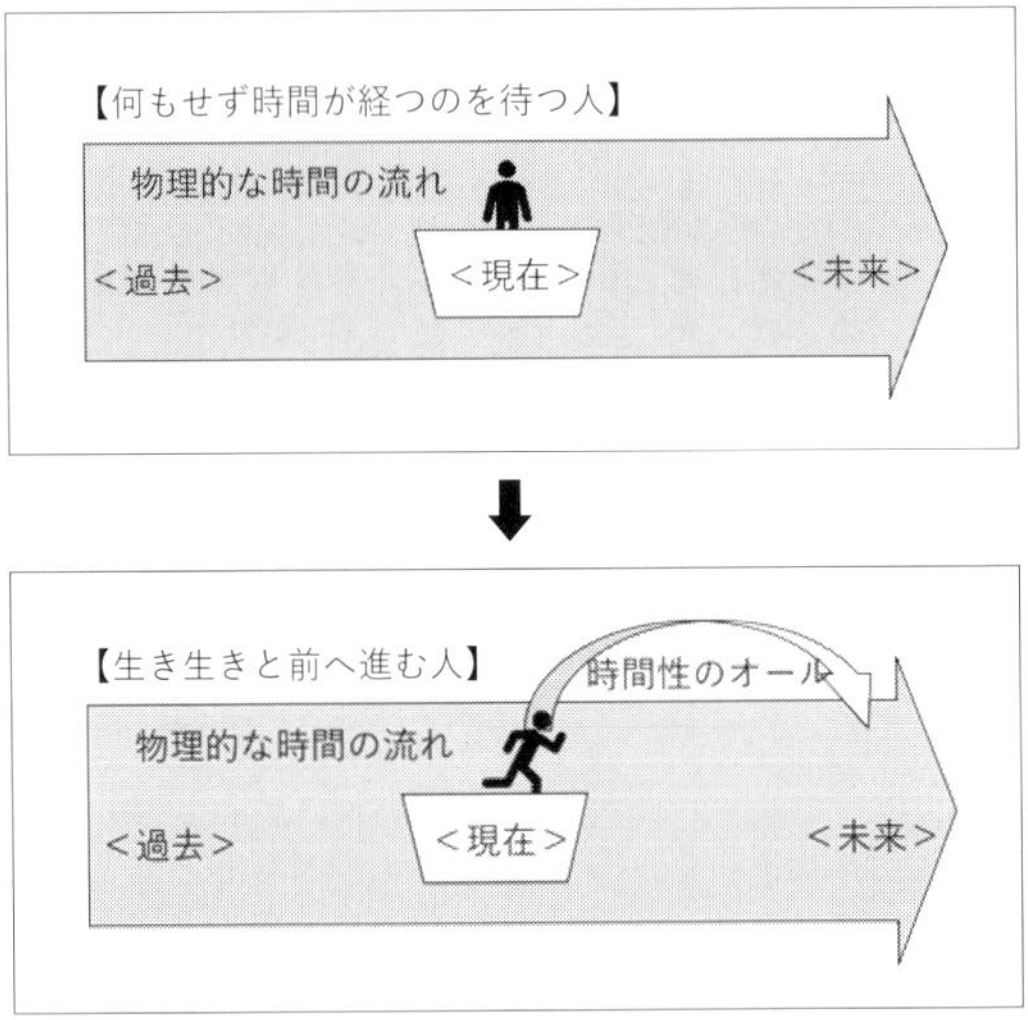

図2・2　物理的な時間の流れ（川）と可能性の生き方（ボート）の図

ボートを漕がずぼんやりと身をゆだね、変化を受動的に待っている人は、停滞している印象を醸し出す。他方、自ら勢いよくボートを漕ぎ出していく、変化を能動的に生み出す人は、生き生きした雰囲気にあふれている。私たちが人に対して抱く、いわゆる「雰囲気の違い」は、このように、その人が未来の可能性をどのように生きているかの違いだ、と考えられる（図2・2）。

華枝さんは、マルちゃんに対する支援がいつか与えられるのを、のんびりと待ったりはしない。何が足りないのかをいつも考え、どうすればそれが実現するのかを考え、そのために自分ができる、自分自身の可能性を、どんどんと選択していく。このたゆまない営みが、明るく快活な、生き生きとした華枝さんの雰囲気そのものなのだ、と考えられる。

3・3　他者の可能性を生きる

　では、華枝さんがこれほどまでに生き生きとしているのは、つまり、これほどまで未来を自ら能動的に引き寄せつつ生きているのは、なぜなのだろうか。おそらくそれは、華枝さんが実現しようとするのが、自分の可能性であると同時に、子どもの可能性をもだからであろう。

　マルちゃんが小学校に入学してからの2年間、障害と診断されるまでの間、華枝さんは、どう努力しても計算ドリルの問題を写すだけで何時間もかかってしまう宿題を見届けるために、ずっと付き添っていたという。さらに、診断がおり、計算ドリルを写すのに時間がかかってしまうのは避けがたいことがわかると、「だからもうそこからまず私が写すこと、先生に許可を得て、それから始めて」、さらには、それでも全問を解くと時間がかかりすぎるので、問題数を「10問に減らしてもらって」と、次から次へと、マルちゃんの可能性を代行していっている。他にも、「私は絶対いいと思ったから、それくらい、A高校が、だからそういうとこだったから、〔略〕私はちょっと明白だったので、もうこれは突き進んだほうが間違いなく将来はいいだろうみたいなっていう判断」で高校を選択するなど、マルちゃんの受ける支援はすべて、マルちゃんではなく華枝さんが探し出してきたものなのである。

　華枝さんにかぎらず、多くの親は、我が子の可能性を代行するところから、子育てを始めざるを得ない。母子一体というように、母親にとって子どもの可能性は自分の可能性なのだ。そして成長とともに、その可能性の実現の手を、1つずつ子どもに委ねていき、一体化していた可能性は1つずつ、子ども自身の可能性になっていく。しかし、子どもに障害があると、最後まで親が肩代わりせざるを得ないことがたくさんある。華枝さんもまた、マルちゃんの可能性の大部分を、マルちゃんに代わって実現しなくてはならない。宿題、学校の準備、朝起きることから夜寝ることにまで微細に入って、他者の可能性を実現することになるのだ。

このとき親は、子どもという他者の可能性を、それだけ取り出して、実現して、また子どもに戻すというような、部分的な関わり方はできない。宿題の例でいえば、減らしてもらったその「10問やるのも何時間もかかる訳ですよ」という華枝さんの実感のこもった言葉からは、何時間もかかる宿題に苦労していたのが、ほかならぬ華枝さん自身であったことがうかがえる。つまり、子どもの可能性は、他者の可能性でありながらもはや他者のものではなく、華枝さん自身が自分の可能性として生きざるを得ないのだ。

私たちが通常、自分自身の可能性を実現し、自分自身の未来を引き寄せて現在の現実にするべく動いているのに対し、親は、とりわけ障害のある子どもの親は、我が子の可能性と自分の可能性と、二重の未来をぐっと引き寄せることになる。ボートの比喩でいえば、かき出す水の量が2倍になるため、動きもダイナミックにならざるを得ない。このダイナミックな動きこそが、尋常ならざるほど生き生きとして魅力的な、華枝さんの人となりとして現われているのではないだろうか。

3・4 「ない状態」でない子ども

障害のある子どもをもつ親が、苦境の中でなぜ強いのか。それは、自分の可能性だけでなく、我が子の可能性をもぐっとつかんで引き寄せる、二重の可能性を生きているからだろう。

二重の可能性を生きざるを得ないのは、1つには、障害ゆえに、子どもだけでは子ども自身の可能性を実現できないからである。例えばマルちゃんは、父親と同じ調理師になりたいという漠然とした希望をいだいているが、華枝さんは、その難しさを指摘する。調理師の世界は「厳しいですよ。〔息子には〕無理だよね。同時にいろんなことやらなきゃいけないし」と。ところが、マルちゃん自身は、調理師の世界が厳しいということは、ピンときていないようだ。このように、マルちゃんの現在の能力では、将来のことを具体的に思い描いたりすることが難しく、今後の進路の選択肢を、華枝さんが用意せざるを得ない。

しかしそれ以上に、華枝さんの場合には、マルちゃんの在り方が、大きく影響をしているように見受けられる。それは、マルちゃん自身が「まだない状態」ではほとんどない、ということである。

前述したように、マルちゃんは全体的に受け身の姿勢で過ごしており、自分からは、わからないことがあってもそのわからないことを誰かに聞いて埋めようとしない。それは、シャイな性格もあるだろうが、それ以上に、「ない状態」を感じ取らないからなのではないか、と考えられる。この点について、華枝さんは、次のように語っている。

〔通級で〕教室を抜ける、普通のクラスを抜けるのに、なんのあれもないです。〔略〕なんだろな、自分もそういうところに行ってちょっとみんなと違うっていう感覚もないし、辛いみたいなのもないし。〔略〕教室に行ってみんなが授業を受けている、みんな〔は〕わかっているけど自分〔は〕わかっていないっていう感覚もない。〔略〕それについて何も思わない。〔略〕ただただ幸せ。

先に述べたように、人は本来、常に、今の自分は何かが不足している、という状態である。この不足感は、例えば他の人のもっている財産や能力が自分にはないと劣等感を抱えているときなど、場合によっては強く意識される。他方、朝起きて顔を洗うなどほぼ自動的にこなしているルーティーンなどではほとんど意識されることはない。しかしいずれの場合にも、人は原理的には「ない状態」である。

華枝さんが指摘するのは、たいていの人なら「ない状態」を強く意識するはずの場面でさえ、マルちゃんはそのことを意識しないままだということである。他の人と同じようにありたいから、同じでないことが気になるのである。問題が解きたいから、解けないことが気になるのである。しかしマルちゃんは、他の人と同じでありたいとも、解けるようになりたいとも思っていない。それゆえ、恥ずかしさも劣等感も、わからないという実感も、ない▼14。

三日月を「満月に対して欠けたもの」として捉えるときに、私たちは、三日月を見ながら、同時に、満月のイメージを無意識のうちに抱いている。これが、「ない状態」を捉えるときの在り方であるとするならば、わかっていないことを実感しないマルちゃんは、「わかる」という満たされた状態をイメージすることさえない、ということになる。何かを実現すればなれるはずの自分。なりたい自分。そういったものがないマルちゃんは、ある意味では、夢や希望もなく生きているとさえいえる。そしてそれが、夢や希望がかなわないと嘆いたり怒ったりすることのない、マルちゃんの穏やかで人好きする性質の源である、ともいえる。

3・5　受動性と対になる能動性

先のボートの比喩でいえば、マルちゃんは、オールを漕ぐこともなくぼんやり穏やかにボートの上にいて、川の流れとともにやってくる未来を、ただ受動的に生きている。このように、「ない状態がないこと」としてマルちゃんの在り方を捉えてみると、マルちゃんの未来は、障害ゆえに選択肢が限られるだけでなく、そもそもマルちゃん自身の中に「何かになりたい」「そのためには何かをしなければならない」という側面がほとんどないがために、より一層不透明なものになっている、といえる。これは、可能性を肩代わりしようとする者にとっては、途方もない遠い道のりになる。この子どものためにさまざまな可能性を実現すべく、腕を大きく振り上げ、未来を引き寄せる。この営みに先立って、まず、本人にもうかがい知れない「ない状態」「なりたい未来」を探し出さなければならないのだから。

いや、どこかにある何かを探し出せばよいとは、限らない。むしろマルちゃんの様子からすると、どこにもない希望を、つくりださなければならない。しかも、その希望が本当に彼にとって良いものかどうかを、華枝さんは見極めなければならない。というのも、どれほど一体化しているように見えても、我が子と自分は違うのであり、選択肢を実際に生きるのはマルちゃんであって自分ではないからだ。そして、どこかでいつも自分を客観視する華枝さんには、そのことがよくわかっているからだ。

華枝さんの驚くべき能動性。おそらくそれは、「ない状態」がないままに、可能性をあたかもほとんど自分のものとして生きていないマルちゃんの受動性と、対になるものだろう▼[15]。したがって、さまざまな支援をつくりだし力強く引き寄せる華枝さんの在り方は、不透明な他者の未来を生きざるを得ないという、大きな不安とセットである。華枝さんはおそらく、その力強さと膨大な不安との大きな落差を、急激なスピードで行き来している。事実、華枝さんはこう語る。

> だから正直言って、将来先まで考えたらそれはもう心配でしかないし、どうやってこの人生きていくのってやっぱり思うし。なんですが、そこまで考えてもしょうがないかって言うしかないもんね、やっぱりなんか。

考えてもしょうがない。思考停止。そして、華枝さんは、考えて動ける別の可能性の実現に走り出す。

そう、でもだっ、止まってられないの、私。よくマグロって言われるから。(遠：ああ、なるほど。止まっちゃうと死んじゃうっていう。)言われる言われる。疲れちゃうんですよ、私。(遠：逆に？)うん。ゆっくりしたらもう具合悪くなっちゃう。

おわりに——はざまを生き抜いていくこと

●はざまがはざまでないというはざま

本章では、可能性を生きるという観点から、障害が軽度であるがゆえに陥りやすい支援のはざまを見てきた。ない状態を満たすべく生きることがその人の雰囲気としてにじみ伝わってくるという点から、改めて、マルちゃんと華枝さんが生き抜いてきた、支援のはざまをふり返ってみよう。

少なくとも丸山家の暮らす地域では、マルちゃんの幼少期に、軽度の障害に対して、制度も、周りの理解も、十分でなかった。そのために、必要な支援を、連続して安定的に受けることができなかった。これが、支援のはざまの社会的な状況である。

しかし、ない状態でないというマルちゃんの在り方からすると、支援のこうしたはざまを、すなわち支援のない状態を、マルちゃん自身は「ない」と感じていないのではないだろうか。彼はたいていいつも受動的に与えられたものを受け取り、それで満ち足りている。通級に通えることになれば喜んで通い、通えなくなれば、それはそれでまた楽しく通常学級に通う。人好きのするマルちゃんの性質もあってか、たくさんの友だちが通常学級におり、勉強以外に大きな課題はない。そして勉強もまた、華枝さんが語っているように、解けないからといって、恥ずかしさも辛さも困り感も、ない。

そうだとすると、マルちゃんは、ほうっておけばおそらく、落ちたはざまから出ようとすることもなく、そのはざまにずっととどまってしまうだろう。そして、高校生活が終わり、働くなり進学するなり、何らかの可能性を選び実現しなくてはならなくなったときに、自分がどこにいるのかも、どんな選択肢があるのかもわからず、呆然としたり、パニックになってしまうだろう。第三者から見ればはざまであるところを、はざまと感じないこと。マルちゃん自身にとっては、はざまがはざまでないこと。これが、実はマルちゃんと華枝さんの前にたちはだかる、支援のはざまの正体なのではないだろうか。

●はざまをはざまにしていくという関わり

それゆえ華枝さんは、マルちゃんがはざまに落ちたことをまず捉え、どこに引き上げられるのか、その次の岸部を探さなければならない。引き上げ先を見つけたら、マルちゃんの重量級の体を、ぐいっと引っ張り上げなければならない。そして、無事に次の岸に押し上げると、今度は、立ち上がらせ、歩き出させなければならない。その道の先にはもう、次のはざまが待ち構えている。華枝さんには、はざまと捉えられるもの。マルちゃんには、ただの道の続き。華枝さんは、マルちゃんがはざまに落ちないように、すぐに走り出す。

この激しい動きそのものが、華枝さんのたぐいまれなる能動性、生き生きとした強さなのだろう。少なくとも現時点では存在さえしていないように見える、我が子の未来への希望や期待を代行するため、華枝さんは、止まれば死んでしまうような勢いで奮闘するのだ。

子どもの成長とともに、親が、とりわけ障害のある子どもをもつ親がさいなまれる葛藤。それは、可能性の代行を、いつまで、どこまでやるかということである。華枝さんもまた、宿題を代筆したり教師に交渉したりして我が子をはざまから引き上げつつ、どこまでやることが適切な関わりなのか、自問を続けている。そして徐々に、すべてを代行するのではなく、マルちゃん自身に考えさせたり、親戚や学校、行政機関といった第三者に直接的な支援を任せたりと、関わり方を変えていっているようである。

そのような変更がいつからできるようになったのかは、（すべての親がそうであるように）華枝さんにもはっきりしないだろうが、そのきっかけとなったのは、小学5年の担任からの言葉だという。

〰〰〰〰〰〰

その〔＝小学5年の〕先生に言われたのは「やっぱ捨てるものは捨てちゃったらいいんじゃない」って。「要るものは要るものでいいじゃん」って言われたときに、そりゃそうだと思って。だってしょうがないんだもんなって、なんだろう。そうやって言われたときに気がついたんだよね。

華枝さんがどれほど奮闘し走り回ろうとも、すべての可能性を代行することはできない。だとしたら、何を代行し、何を代行しないのか選択し、要らないものは捨てていかなくてはならない。全部の宿題を写すのではなく、マルちゃん1人でできるところまででよしとする。将来の進路はすべて華枝さんが考えるのではなく、いくつかの選択肢を提示する。叱られて泣いているときは、謝りやすい状況を整えてあげる。

こうして華枝さんは、マルちゃんがぼんやりと座っているボートを1人で引っ張るのではなく、マルちゃん自身がオールの存在に気づき、やがて漕ぎ始められるように、選択肢を絞り込んであげるという形に、少しずつ関わり方を変えていっているように見える。いってみれば、マルちゃんにとってはざまがはざまとなり、自分でオールを漕ぎ出そうとすることが、華枝さんが今目指しているゴールだといえるのではないだろうか。

それにしても、捨てるものを選ぶことは、怖いことだ。代わりに実現してあげれば拓けてきたかもしれない、未来の可能性をまるごと捨てることだからだ。しかしそれは「しょうがない」と華枝さんは言う。この言葉は、前へ前へと突き進み可能性を実現し続けるために、余計な選択肢を川へと投げ捨てていく、華枝さんのかけ声のように思える。

●マルちゃんに生まれた変化

そうやって積み荷を軽くされたボートの上で、マルちゃんは、少しずつ「ない状態」に目覚めていった。A高校のプレプログラムで勉強がわかるようになると、「普段の中学校でテスト中わからないことが辛い」とこぼすようになった。中学最後の柔道部の大会では、「勝てるかもと思った」と初めて一本勝ちをおさめた。A高校ではさらに、特性を生かした特別コースを選択し、エシカルハッカー（高い倫理観と道徳心を兼ね備え、コンピュータやネットワークに関する高度な技術や知識を用いて悪意をもつハッカーからの攻撃を防ぐ活動等を行う技術者）の技術講座を学ぶなど、社会に出るための準備を重ねていった。

その成長は著しく、A高校入学当時、二桁の割り算ができなかったマルちゃんは、2年後には、高校の数学をきちんと解けるようになった。「ちゃーんとできてるよ。筋がいいもん」と笑う数学教師の声に、背中を丸めて振り返ることもなかったマルちゃんの、シャイさも寡黙さも変わってはいなかったが、かつて、夢も期待もないから幸せだったマルちゃんの日々には、いつの頃からか、悲しみと、その悲しみがあるからこその深い喜びといった彩りが、少しずつ豊かになっていったのだ。

注

1 本書では、「支援」という枠組み自体が問題提起されており（第4章）、筆者も、「支援者が困っている人を支援してあげるといった一方向的な関わり」という捉え方には一考の必要性を感じている。ただし本章では、発達障害に対する制度的な支援について、広く使われている表現という観点から、「支援」という言葉で表現することにする。

2　地域によって支援の充実度が大きく異なることも、しばしば指摘されている。

3　本書第1章にて、大塚は、軽度の発達障害、あるいは障害傾向のある子どもをもつ母親がこうした体験をしていることを示している。他にも、モンズースー（2016）など多数。

4　診断時の診断名。2021年現在この診断名は自閉スペクトラム症に変更されているが、変更後にマルちゃんは再診断を受けていない。

5　A高校では、中学生を対象にプレプログラムを実施しており、マルちゃんは、中学2年次より、週に1回、A高校に通学し、その後A高校に進学した。

6　特に数学の能力が低く、発達障害診断時にLD（学習障害）の傾向もあることが指摘されていた。

7　インタビューは、ファミリーレストランにて2時間ほど行った。インタビューは華枝さんの許可を得たうえで録音し、それを逐語に起こした。

8　華枝さんの語りの中には、華枝さんの話し方の性急さを示すような言い間違いなどがあるが、考察に影響しない範囲で、補足したり、読みやすいように改めている。

9　前節で登場する中学1年の担任教師についても、「おもしろい」という表現が用いられている。

10　「理不尽な困難や悲劇に見舞われたり、避けられない事態に直面したりしたさいに、粛々とその状況を受け入れながら発する日本語の慣用句」https://www.weblio.jp/content/%E3%81%97%E3%82%87%E3%81%86%E3%81%8C%E3%81%AA%E3%81%84（2021年8月6日確認）

11　華枝さんの語り方そのものにも、エネルギーがあふれ出ている。計算してみると、華枝さんは1分間に約470文字も言葉を発していた。一般的に、スピーチなどでは1分間に250～300文字ぐらい話すとされる。華枝さんがいかに雄弁に語ってくれたかがわかる。

12　精神科医の木村敏は、統合失調症の患者に典型的となるような、「現在よりも一歩先を読もう」とする「未来を先取り」している人の意識を「アンテ・フェストゥム意識」（木村 1982: 86）、うつ病の患者に典型的となるような、「とりかえしのつかない事態にならないように、これまでの住み慣れた秩序の外に出ないでおく」保守的な意識を「ポスト・フェストゥム意識」（同書107頁）と呼び、未来や過去と今の自己とをどのように結び付けておくかが人によって全く異なっていることを明らかにしている。筆者は、こうした時間性の違いが、その人の醸し出す雰囲気を規定する、と考えている。

13　未来に対する視野だけでなく、過去のことにどれだけこだわったり、いつも過去を思い出そうとしているか、といったことも、同様にいえるが、ここでは、可能性を実現するという観点にのみ絞っておきたい。

14　第1節で述べた、マルちゃんが自分からは質問してこないということも、このように考えると、当然のことだといえる。マルちゃん自身は、質問をしてわからないことをわかるようになりたいとはほとんど思っておらず、それゆえ、「わからない」という困り感として問題を体験していないと考えられる。解けない問題は、ただ解けないという事実のみがそこにあるのであって、解けるようになりたいという願望を含んでいない。だからこそ、自分からスタッフに質問しようとしない。恥ずかしいから質問しないのではなく、質問する必要性がないから質問していない、と考えられる。

15　障害のある子どもがみな受動的なのではなく、むしろ自分の将来を能動的に生きようとする子どももたくさんいる。ここで述べているのはあくまでマルちゃんと華枝さんの関係である。

文献
木村敏（1982）『自己と時間』中央公論社
モンズースー（2016）『生きづらいと思ったら　親子で発達障害でした』KADOKAWA
沖田×華・君影草（2015）『はざまのコドモ　息子は知的ボーダーで発達障害児』ぶんか社
Sartre, J.P.（1943）*L'Etre et Le Neant sous-titré essai d'ontologie phénoménologique* Gallimard

第3章

語れないこと／語らされること／語ること

――社会的養護のもとで育った若者たちの声

永野 咲

はじめに

家族に依存することを前提に組み立てられた日本社会において、「社会的養護のもとで育つ」とは、どのようなことだろうか。児童養護施設や里親家庭で育つことの社会に流布されているイメージは、「かわいそうな」子どもたちが、慈善家たちの手で育てられているものだろうか。ドラマなどでは、追いつめられた犯人の「施設で育った」という過去がさらされたり、犯行の動機として暴かれたりすることもある。しかし、社会的養護の実際は、また「施設で育った」ことは、こうしたイメージとは大きくかけ離れている。

その実際を知るには、社会的養護のもとで育った子ども・若者たちの「声」ほどよく伝わるものはない。しかし、これまで、「大人は子どもよりも優れていて、子どもを大人の支配下におこうとする態度」（アダルティズム）によって、子ども／子どもであった若者たちの意見や声が、正当に受け取られることは極めて少なかった。最近になってようやく、社会的養護の領域でもこうした当事者の若者たちの「声」に目が向けられるようになってきた。それにともない、「声」を受けとる私たちは、社会的養護を必要としたこと・そのもとで育つということがどのようなものであるか、そして、そのことの開示や意見の表明がどのような意味をもつのか、再考が求められている。

この章では、社会的養護での暮らしを経験した若者たちが、自身の生い立ちや経験について「語る」ことに焦点を当て、「社会的養護のもとで暮らした」という社会的養護の「当事者性」を「語る」こと、「語れない／語らない」こと、さらには「語らされる」ことについて、社会的養護のもとで育った若者たちへのインタビューから考えてみたい。インタビュー調査は社会的養護のもとでの生活を経験した方21名に行ってきたが、本章では複数人の語りを組み合わせる形で提示することにする。また、出てくる名前はすべて仮名である。

1　「社会的養護のもとで育つ」ことに向けられるまなざし

「どこで」子ども時代を過ごしたかということは、大人になれば、明言しないかぎり露呈することはない。私は、愛媛県にある松山市の隣の小さな市（かつては町）で子ども時代を過ごしたが、そのことが話題になるのは、自己紹介の決まりきったやりとりくらいであるし、そのことを開示することにためらいを感じることはない。

ところが、社会的養護という「場」で育ったということの開示をめぐっては、複雑な状況が生まれる。

ともに20代後半のハルトさんとソウタさんは、乳児院から社会的養護のもとで過ごしてきた。ハルトさんには両親の記憶はなく、ソウタさんは「（親は）小学校入学のときを最後に蒸発しちゃったんだよ。入学式の写真には写ってる。それが最後」の母の記憶だ。

2人は、児童養護施設での暮らしを、「気づいたら、施設にいるみたいな感じだったので。……それ（施設生活）が当たり前になっていたので」、「施設が普通だった」し、「施設が家って感じ。本当に」、「最初にした生活がこれ（施設）だからそれが普通なのかと」と語る。

もちろん、小学生くらいになれば、クラスの友人たちの「家庭」と自分の「家庭」である「施設」は何かが違うことはわかってくるものの、「それ（施設）が普通だったからね。……一般家庭がどんなのかさっぱりわからないからあれだけど」と語られるように、物心つく前からの施設での暮らしを自分たちの「当たり前の暮らし」と感じながら暮らしてきた。しかし、高校卒業と同時に児童養護施設を退所した2人は、この自分たちの「当たり前の暮らし」に向けられる社会のまなざしに直面する。

1・1 「施設で育ったくせに」

ハルトさんは、高校卒業と同時に、児童養護施設を退所し、全国に名の知れた大企業に就職をすることになった。一人暮らしするための貯金も十分でなく、親からの援助もないハルトさんは、社員寮のついている会社を選んだ。ある日、職場でハルトさんの保証人の名前が「施設長」だったことが話題となった。

> あの……履歴書かなんかに親の名前を書く、保護者の欄みたいのあるじゃん。あれに名前が違ったから、これは何？ みたいな感じで言われて、あの僕施設にいるんですー、みたいな感じで言ったら、すんごいこと細かに聞いてきて最初、うわーうざいと思って。今までそういう経験あまりなかったから。
> 国の金で……お前は育ったんだろみたいな感じで言われて。
> 意味がわかんなくて、……でもそういうことがあってから、〔上司〕とかとも衝突とかやってたら、急に休みなしになって。お前じゃあ次そこね、みたいな。で、次あそこね、みたいな。（休みがもらえなくなった）

乳児院から18歳まで施設を当たり前の「家」と思って暮らしてきたハルトさんにとって、初めて自身の境遇に差別のまなざしを向けられた経験だった。上司に異議を申し立てたところ、勤務シフトを勝手に変えられ、休みをもらえなくなった。

2、3か月ぐらい休みなしでずっと毎日（仕事）やらされて1回倒れたことあって。もう無理ですっつって。
全部俺の良くない情報が全部そっちいっちゃってみたいな。ことあるごとにだったからもう面倒くせーから、もういいやみたいな。これ以上なんか言われると本当、体おかしくなりそうだから（退職した）。

限界になったハルトさんは、退職に追い込まれ、退職とともに住居（社員寮）も失った。貯金も底をつき、借金をしても生活費がなくなり、ハルトさんはホームレスになった。

同年代のミオさんも、就職先で「施設にいた子はマナーがない、教育がない」と不当な叱責を繰り返され、退職した経験をもつ。

この偏見は、私が悪いんだって思ってしまって。腹立ったけど、めっちゃ腹立ったけど、悔しいって思ったけど、それを言い返せない自分が腹立つっていうか、悔しいっていうか、悲しいっていうか。なんか、マナーとか教養がないのは確かだけど、……施設っていうのをいかに知られてないんだっていう、がっかり感があったね。悔しさというか。

施設で育ったことへの偏見に対する腹立ちや、言い返せない悔しさ・悲しさを、ミオさんは「施設が知られていないがっかり感」と表現する。

1・2 「もっと恵まれない子がいる」

ソウタさんは、18歳で児童養護施設の退所を迎える際に、新聞奨学生をしながら大学進学することを選んだ。「夕刊を配って、(夕方)4時に終わって。で、学校が4時20分からだったんで急いで学校行って、授業出て、で大体(夜)9時ごろに戻ってきて(朝刊)。その、繰り返しですね」という過酷な生活の中で、自らの境遇を職場の仲間に打ち明けた。

(打ち明けたとき)その4人の中の1人に、すごいショックなことを言われたんですよ。僕が、そういうことで悩んで、施設から出て苦労して人生を歩んできてるにもかかわらず、そういうふうに悩んでるのはなんか、世界にはもっと恵まれない子がいるからそんな、贅沢だよって言われましたね。

何が辛いのかって、アフリカでは飢餓とかに苦しんでる人たちが周りにいっぱいいるじゃないですか、自分1人じゃなくて周りの人もいっぱい苦しんでるじゃないですか。でも、日本では養護施設っていうのはかなり少ないじゃないですか、そういう、クラスに1人2人。こんなに豊かなのに自分だけ施設にいるっていう、自分の、何で違うのか。

家庭を離れ「社会的養護のもとで育った」ということに、社会からの差別的な・烙印《らくいん》的なまなざしが向けられているのである。

2 境遇を語らない/語りたくない/語れない

2・1 「かわいそうな子と思われる」

メイさんは、幼少期を児童養護施設で過ごし、家庭復帰によって退所したあと、自らも施設の職員となった。ただ、社会的な関係性の中では、自身の境遇について「施設で生活してるっていうと、かわいそうな子みたいなイメージめっちゃつくと思って言わない」でいる。施設で生活していたということを「言わない」のは、「かわいそうな子」という「憐憫《れんびん》」のまなざしを向けられることが、容易に想像できるからである。

2・2 「差別されること」

イチカさんも、「施設で育った」ことは周囲に言っていない。それは、自分自身の心の中で、「施設で育つことは恥ずかしいこと」「差別されること」なのだと考えてきたからだ。そのために、結婚を反対され、あきらめたこともある。

ああ、やっぱりこう、大学の友達には施設で育ったとかあえて言う必要とかないから、言ってなかったわけだよね。だから、それで、自分の心の中で、施設で育ったってことはすごく恥ずかしいとか、差別されることなんだってこととか思ってたからね。結婚を考えてた人がいて、まあ、施設ってことは言ってなかったんだけど、結婚するってなったときに初めて言って、その人の親っていうのが、地方だとさ、すごいすごい気にするっていうのがあるから、だめって。

イチカさんにとって、「社会的養護にいたこと」は、「やっぱり、大人になって、社会に出て、施設って言ったことのデメリット、差別されたりいじめられるっていう現状としてあるから」、「話せばマイナスになる」ことなのだ。

ハルキさんは、ネグレクトと虐待によって保護・入所・家庭復帰・再保護を繰り返した。18歳で児童養護施設を退所した後、大学・大学院と進学し、現在は専門性を生かした仕事についている。

ハルキさんも、境遇についての話は「普段はしない」。それは、「世の中の人はまずそういう目でみるっていうのは確かにある」し、「自分もそう思ってる部分もある」からだ。

だいたいこういう（施設で暮らしていたという）話をあんまり普段はしないんだけど、すると、したりすると、かわいそうだねって。かわいそうだったんだとかね、大変だったんだとかね、っていう話になるかな。まぁ、世の中の人はまずそういう目で見るっていうのは確かにあるだろうし、自分もそう思ってる部分もあるんだよね。

「語れないこと／語らないこと」について、児童養護施設の子どもとスティグマについて研究した田中は、児童養護施設の本当が一般の人びとに知られていないために、社会の作られたイメージ（社会的眼差し）が子どもたちに向けられ、子どもたちもその中で社会的イメージを敏感に感じ取り、自身たちの社会の中での「立ち位置」を取り込んでいくと指摘する（田中 2004）。ハルキさんが、「自分もそう思ってる部分もある」と語るのは、「施設で暮らした子ども」の置かれた立場を了解しているようにも理解できる。

さらに田中は、社会的養護を必要とした家庭の状況や経緯による傷つきよりも、「ステレオタイプ的な負の烙印、つまりスティグマの付与過程は、場合によっては、家庭崩壊そのものよりも子どものパーソナリティの形成に対して深刻な影響を及ぼす問題となりうる」（田中 2004: 5）とする。

また、内田は、児童養護施設で育った若者に対する「生活史インタビュー」から、児童養護施設生活者／経験者のアイデンティティ問題を考察し、「隠され、時に同情され、あるいは偏見・差別の対象ともなりうる施設・施設経験生活者／経験者にとって、自らの社会的アイデンティティのひとつを構成する施設経験は、施設経験生活者／経験者であることをカムアウトする際に問題としてたちはだかる」（内田 2011: 158）と指摘する。

2・3　境遇を「ごまかす」

こうした社会からのまなざしを回避するために「スティグマのシンボルである児童養護施設の入所事実や親の不在などに関する情報を〈隠蔽〉する」方策、つまり境遇を「語らない」ことを選択する場合もある。田中（2004）によると、この選択は同時に、「いつ崩壊するか分からない自己を不断に取り繕うということ（138）」、「いつ暴露されるか分からないという不安に常に陥ること（138）」、「暴露されて〈隠蔽〉を試みたことが他者に知られると、さらに『嘘つき』のレッテルを付与される危険を抱える（148）」こと、そして、自分の本当のことを「なぜこんなにしてまで誤魔化さないといけないのか」という疑問や苦しみを抱えることにもなる。

ハナさんは、里親家庭と児童養護施設での生活を経験したあと、大学進学・留学を経験し、外資系の企業に勤めている。「人生の満足度」を聞いたとき、ハナさんは「90点の人生」だと答え、その理由について「職場とかで自分の本当のことを言ってないので、ごまかさなきゃいけないっていうことがあるっていうことと。それが（人生の）マイナス10パーセントのところだと思います」と語ってくれた。

先ほどのハルキさんも、家族の話を「ごまかす」と語った。就職していたハルキさんのもとに、ある日、親の生活保護に関する書類が届いた。親が生きていることと、生活保護を申請した市町村名からその所在地もわかった。ハルキさんはこうした親とのつながりを「切りたくても切れない血縁」と表現した。

家族の話は、基本的には、別に両親は生きているので、いるよと。ただ、その、まぁ、そこまでかな。両親はどこに住んでるのとかよく言われるから。実は今住んでる場所も知ってるんだ。今、N地域の方で住んでるよっていうのはよく言うし。生きてるのは生きてるらしいから。だから、あんまりそれ以上は深くこっちも言わないかな。家族の話が出ても。一応僕の中での記憶の中で、お母さんどんな人？ こんな人だったかな、くらいで。あんまり自分から施設にいたとかいう話もしないし。まぁ、ごまかすかな。だから、（親が）早く亡くなってくれると、僕の中でのこのいろんなストーリーが、全部が終わるんだけどって。施設の子ども時代のことの記憶がそれで全部きれいに片付いて。……（親が）生きているといろんな感情が浮かんでくるっていうか。

ハルキさんが語ったのは、自分の「話せない」過去や家族の問題を、親の死によってなかったことにしたいという気持ちだ。「施設の子ども」時代のことが、おとなになった今でも「ごまかさなければならないもの」としてハルキさんのなかに巣食っている。

社会的養護のもとで生活している・していたということは、一歩社会に出れば、判別されるものではない。まして、ケアのもとを離れた後にはなおさらである。しかし、社会的養護を必要とした家族の状況や、社会的養護のなかで経験したことが、措置解除を機になかったことになるわけではない。それまでに社会から向けられていたまなざしははっきりと染み付いているし、措置解除後にも家庭や社会的養護のもとで受けた傷が続いていることもある。境遇の開示の機会ごとにこうした逡巡《しゅんじゅん》が繰り返される。

3　カムアウト——開示することの意図

一方で、境遇を積極的に開示（カムアウト）することを選ぶ場合もある。

3・1　隠す必要はない

アカリさんは、親のことや経験したことを「隠す必要がない」こととして躊躇なくオープンにしている。

やっぱ大好きな母ですしね。でも経験してきたことは、こういう話全然、私友達にも話せるんですよ。隠す必要もないですし、自分の人生として。

ここでアカリさんが語る「大好きな母」は、実際には保護・入所・家庭復帰・再保護を挟んで行われた度重なる性的虐待からアカリさんを守ってくれなかった母でもある。しかし、アカリさんはそのことを含めて「恥ずかしくない」ことだとオープンにする。

全然私は、それ（これまでの経験）をおかしいこととか、言っちゃいけないことだとは思ってないので。ですかね。何とも。恥ずかしくないですし。それを恥ずかしいと思うのは（施設の）先生たちにすごい失礼だと思って。この人たちがお父さんとお母さんでいるのが一番だと思っているので。

なぜそう言えるのだろうか。それは、アカリさんが施設の養育者に感謝していることに加えて、周囲の友人たちに「ありのままを話しても」「普通に」受け入れられる経験をしているからなのかもしれない。

今も仲良くしてくれる親友と出会えて、その人たちには、自分のありのままを話しても、普通はえっそうなのみたいなのが、へーそういうこともあったんだくらいで、受け入れ方が全然違ってて。逆にそういうのってどういうやつなのって聞かれたりして。前、（施設）のお祭りにも友達来てくれて、先生おもしろいね、みたいな。あと、本当、私は、友達に恵まれてるので、大学の友達もいい人ばっかりで。大学の親友に、自分はこういう人生だったんだよねって話したときに、今言っちゃうとあれだけど、なんでこの子、私にこんなこと話せるんだろうって。そんなに信頼してくれてるのかなっと思ったよって言われて。そういうふうに思うんだって。

3・2　境遇を逆手にとる

同時にアカリさんは、自分のことを開示することで、「かまって」もらえると自己分析している。これまで見てきたような「かわいそう」と思われたくないから秘匿するという気持ちと反対に、「かわいそう」と言われたいので開示するというアカリさんの別の意向がみえる。

自分でいうのもなんですけど、悲劇のヒロインを演じたいタイプなので、かまって、私の話聞いて、かわいそうだねって言われれば満足なので。

こういうのがあったから、「私は恩返しがしたくって」って言うと、たいていの人は、なんてすばらしい子なんだって思う。言った者勝ちじゃないですけど。って感じですかね。たいていの人が、すごいね、えらいねって言ってくれるので。へって思いつつ、間違っちゃないので、武器にできるものは武器にっていう感じですかね。だから、いい経験だと思います。

同様の語りが、ハルキさんにもみられる。

うん。でもね、逆に言えば、そういう点ではみんなが親切にしてくれるっていうのはメリットがある。そういうふうに言えば。そうそうそう。絶対多くの人が大変だったねって言ってくれる。がんばってきたんだ、君はって。まぁ、理解ある人たちだったね。

実際に、アカリさんもハルキさんも家庭での過酷な生活を経験し、保護・入所・家庭復帰・再保護の間に繰り返された虐待やネグレクトのなかをなんとか生きてきた人たちである。そのなかで、境遇を開示し「大変だったこと」を受けとめてもらうことのもつ意味もある。何より、生きていくために、境遇をうまく開示し、「同情」という「武器」をもたなければならなかったのかもしれない。

3・3 開示することで向き合う

開示することの別の意味を話してくれたのはイツキさんとリコさんだった。

イツキさんは、家庭で壮絶な身体的虐待を受けて児童養護施設で暮らすことになった。家庭復帰をした後も、深刻な身体的虐待が再開し、再び保護されている。そんなイツキさんは、その虐待経験から「大学の頃までは（親）に殴られる夢をよく見て、それで目が覚めるっていうこともありました」と話してくれたが、自身に起きたことや施設での暮らしに向き合うようになったのは、当事者同士の集まりに参加するようになってからだと言う。

施設のことは今まで考えてなかったけど、（当事者団体）に来るようになってから考えるようになったね。

当事者活動も施設に行くのもさ。いろいろ考えるじゃん。そういうので、考えたよ。あー、そうしたらなぁ、たぶんその、育児放棄とかって言葉を聞いたときに、それだ！とか思ったし。

リコさんは、養育困難によって乳児院から高校を卒業するまで社会的養護のもとで育った。自分のことで泣くことができなかったリコさんが、最近、当事者団体の中で、自分の「まじめな話」ができるようになって、「涙が出るようになった」ことを話してくれた。

ねー。それで、めっちゃ泣いてしまって。めっちゃ最近なんですけど。（中略）泣くのって絶対嫌やって思って。それは、自分のことをかわいそうと思ってるな、この子って思われるのがめっちゃ嫌。なんか、暗いって見られるのが嫌で。なんか悲劇に酔ってるなみたいなの絶対思われたくない。自分がひねくれてるからそう思うんですけど。

あとは、話す能力もちょっとは増えてきて、おしゃべりになってきたかな。めっちゃふざけるタイプなんで、なんか、まじめな話がめっちゃ苦手なんですけど、こういう（当事者団体）とか始めて、まじめな話もできるようになってきた。無難な話ばっかり今までしてきたから。

それ（当事者同士だから）もあると思う。（当事者団体）の人だから話せるっていうのも、今めっちゃあると思います。（当事者団体）の人がある程度私のこともわかってくれてるし、結構（当事者団体）のときに、活動のときに泣いたりとかもするんですよ。これまでだったら、ぜったいなかったことだったんですよ。人前で泣くのは絶対。映画見て泣くとかが全然あれなんですけど、自分のことで泣くのは絶対見せられなかったんですけど。それまでは、本当に、本気で我慢して、絶対泣かなかったんですよ。

いつも避けるから。普段考えることに、全然考えないようにしてるから。やっぱ（当事者団体）

の活動だったら、どうしても考えるじゃないですか。そういうので、いろいろ思い出したりして、整理できるようになったり。

イツキさんやリコさんは、これまでの自己・人生について、仲間たちのなかで「語りなおし」をしているのではないだろうか。鷲田は、「語りなおし」とは、「じぶんのこれまでの経験をこれまでとは違う糸で縫いなおすということ」（鷲田 2012）だとする。鷲田が言うように、縫い直す針のひとつひとつが、ちりちり、ずきずきと痛むだろう。けれど、リコさんが泣くことを「涙が出るようになった」と肯定的に語ったことが、リコさんにとっての語りおなしの大きな意味なのではないだろうか。

4　「納得できる」語る／語らないを見つけられること・そのことが尊重されること

ここまで境遇の秘匿と開示をめぐって、インタビューから考えてきた。言うまでもなく、これをめぐる正解・不正解はない。「境遇」はその人のものであって、何を語る／語らないかは、その人のコントロールのもとにある。それは、社会的養護の経験であってももちろんそうである。

4・1　選択的な開示／非開示

前述のイツキさんは、自身の境遇について、「言う必要もなかったし、隠してたつもりはないんですけど。言う必要ないからかな」と、隠しているのではなく「言う必要がない」から言わないことを自ら選択していると話した。

乳児院から社会的養護のもとで育ったユイさんは、自身の「生い立ち」を「別に言わなくていいときには言わなくていい」ことを伝えられてほっとしたという。

> 自分が自分のことを伝える、生い立ちを伝えるっていうときには、別に言わなくていいときには言わなくていいいんじゃないかって言ってくれたしね。〈支援者〉さんって人が。それは、〈当事者活動〉やって、いろんなこう、その〈支援者〉さんとかも含めて施設のことをいろいろ話して、自分が悪いと思っていたことの多くは、「あなたは悪くなかった」っていうのをダイレクトに伝えてくれたよね。よく頑張ったって。それはめちゃくちゃ大きかった。私の人生においては。

同時に、ユイさんは自分が経験を話すことで、他の当事者に語ることを強要することにならないかという懸念も示している。

こういう話を、私は一定別にいいかなと思って話してることでも、相手が、それって自分も話さないといけないって思ってしまわないかなっていうのはあるけど。自分の生い立ちを。

社会的養護のもとで生活した若者たちの語りが注目されるなかで、開示することや語ることが半ば「当然」で、まして「そうすべき」と考えていないか、ふりかえりたい。語りたいと思う人が安全に語れるか、語っても差別されないか、語りたくない人が安心して語らないでいられるか。自分のことを自分の言葉で語ることを奪ったり、強制してはならない。

4・2　社会的養護にいたことを隠さなくて良くなること

一方で、語りたい人が語れないのは、なぜだろうか。

井上は、①施設経験者は、生い立ちに異質感を抱き、周囲の偏見を怖れている、②施設経験者の語りには、両価的、あるいは否認、回避的な言動がみられた、とする（井上 2015）。この明白に言語化されない語りを「語られない語り」と命名し、③「語られない語り」は、社会の常識やシステムに適応できず、存在の根底が揺さぶられるときに、心の深みから発せられる語りであり、それは「私はなぜ生まれたのか」という人間の根源的な問いに関わる語りである、と考察する。

また、筆者は、これまでに社会的養護のもとで育った若者たちの「アイデンティティの根幹にある『生まれ』と『生きる』ことの揺らぎ」である「生」の不安定さが、ライフチャンスを極度に制限しかねないものとして存在しているとして、以下の3つの「生」の不安定さを示してきた（永野2017）。

①「生」が不明であること：自身の「生まれ」や「生いたち」の状況が不明であることなどによるアイデンティティの不確かさがもたらす不安定さ

②「生」が否定されること：家族などから自身の「生命」が否定される経験によって生じる不安定さ

③「生」が混乱すること：境遇やルーツの突然の開示によって、自身の「人生」のアイデンティティやルーツが揺るがされ、「育ち」が混乱することによって生じる不安定さ

内田は、当事者の語りをもとに、施設生活者／経験者であることをカムアウトするためらいや葛藤を経て、「自身が親元で暮らさない／暮らせないことを、社会的な背景を含めて納得していく、そして自らの立場を了解する物語を構築していくプロセスが、施設生活者／経験者にとって特に重要になる」（内田 2011: 172）と考察する。ただし、このプロセスに対して、「彼／彼女らの物語構築の努力を指摘する前に、前提として社会的養護が『社会的』に必要な営みであり、決して施設生活者／経験者自身にさまざまな問題の責任が帰せられるべきではない」（内田 2011: 174）とする。

これらのすべての指摘は、社会的養護のもとでの生活をどのように「納得」できるものにしてい

くかを問う。さらに、その「努力」は、当事者ではなく社会全体に課せられている。

4・3 「語ること」「語らない／語れないこと」「語らされること」のすき間

ここで、改めて、「語ること」「語らない／語れないこと」「語らされること」について考えてみたい。社会的養護のもとで育った子ども・若者たちが自身の境遇や経験を開示したり、語る場面を考えると、友人関係やパートナー関係などの私的な関係性におけるものから、大学や職場などの社会的な場面におけるもの、さらには当事者としての活動や政策提言などの公的な役割をもつものまで、グラデーションがある。また、開示や経験の共有には、自らはっきりと意図した場合と意図しない場合がある。この場面と意図の掛け合わせを図式化すると図3・1のように示すことができる。

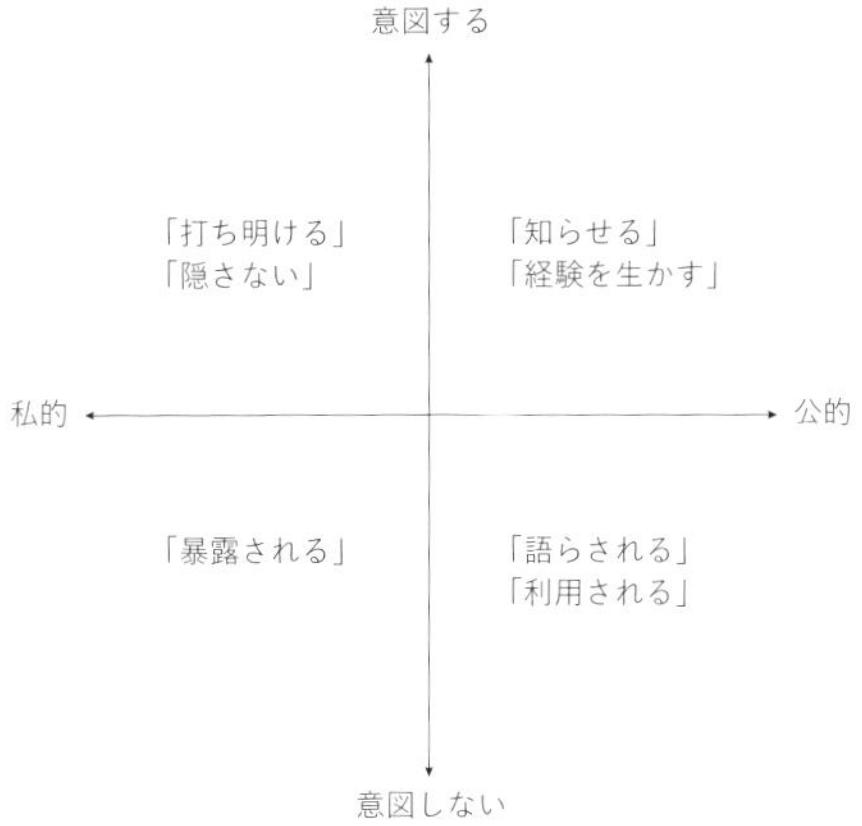

図3・1　語りの位置

例えば、私的な領域で、意図して境遇を語ることは「隠さない」こと、より積極的には「打ち明ける」ことになる。一方で、意図しない開示は「暴露される」ことになる。公的な場で明確な意図をもって、自身の境遇や経験を開示する場合、「知らせる」

「経験を生かす」といった当事者参画となる。同様に公的な場での語りでも、意図しない方法や内容であれば「語らされる」「利用される」となるだろう。

4・4 意図をもって「語る」

田中は、「〈公開〉という自己呈示の方法を選択する理由の1つとして、偏見を改めさせようという意図がある。（中略）差別的扱いを受けるのは、一般の人びとがその社会的カテゴリーの実態に関して無知であるためであり、したがって、偏見を助長する〈隠蔽〉という方法ではなく、認識を訂正させる〈公開〉という方法を積極的にとるわけである」（田中 2004: 145）とする。

インタビューからも、そうした明確な意図をもった経験の共有がわかる。

ユイさんは、自分たち当事者が境遇を「フラットに話せる」場があることで「がんばれる」し、自分たちの経験したことは、支援者が「知るべき」もので、「勉強すべき」ものだと考えている。だからこそ、当事者が経験を「語る」ことに意味があると語る。

「（親）生きてるんだ？ すごく面倒くさそうだね」みたいな。そういうのがフラットに話せるので、その当事者って同じ経験をしてる。少なからず。っていうのはすごい強みでもあるし。そういう人たちががんばってるところを見ると、自分もがんばれるかなと思うし。そうそう。そういうのは、当事者から知るべきだろうし、そういう勉強はすべきじゃないの？ と思うけどね。そういうのを伝えられるのは当事者なんだよね。経験を生かすのはあれなんじゃないの。意味あるんじゃない。それを発信していくってところが大事だろうし、それを職員たちが知らないんだからさ。

ミナトさんは、当事者としての活動を行ってきた。今、社会的養護のもとにいる子どもたちが自分の人生を「主人公」として歩めるよう、社会的養護が「普遍的」なもので、特別視されないものにしていきたいと語る。

決めつけて大人が一方的に上から話すっていうのではなくて、どうなりたいっていうのを、自分の（人生の）主人公は自分なんだってことをさ、子どもが施設に入所してるときから、ねえいろいろ生い立ちはあったけど、でもこれからの人生は自分のものなんだっていうのが普遍的なものになるように、できることはやっていきたい。

5 声をあげて社会を変える

5・1 声をあげる当事者のポジショナリティ

改めて言うまでもなく、被虐待体験などのトラウマを「語ること」は容易《たやす》いことではない。

宮地（2007）は、「本来語ることができないはずのトラウマを語ろうとするとき、どのようなことが起きるのか」（宮地 2007: 213）という問いに対し、声をあげる人、声をあげられない人、当事者、非当事者、支援者などのポジショナリティを「環状島」というモデルを用いて整理している（図3・2）。社会的養護のもとでの生活を経験した子どもや若者たちが、すべてトラウマ体験をしているわけではないが、家族からの分離を含む逆境体験をした人たちが「語るとき」という点では共通することが多い。

宮地の環状島モデルには〈内海〉と〈外海〉があり、〈内海〉の中心を〈ゼロ地点（爆心地）〉とする。そのため、〈内海〉は「犠牲者の沈んだ領域」である。そこから内斜面に上がる〈波打ち際〉には、「かろうじて生き延びた」人たち、「言葉を失った者たち」「押し黙ったままの者」「震えの止まらない者」「硬直しきった者」がいる。そこから〈内斜面〉の陸地に上がると、「言葉を発することができる者たち」になっていく。〈内斜面〉を上がっていくにつれ、言葉は力を増し、雄弁さは

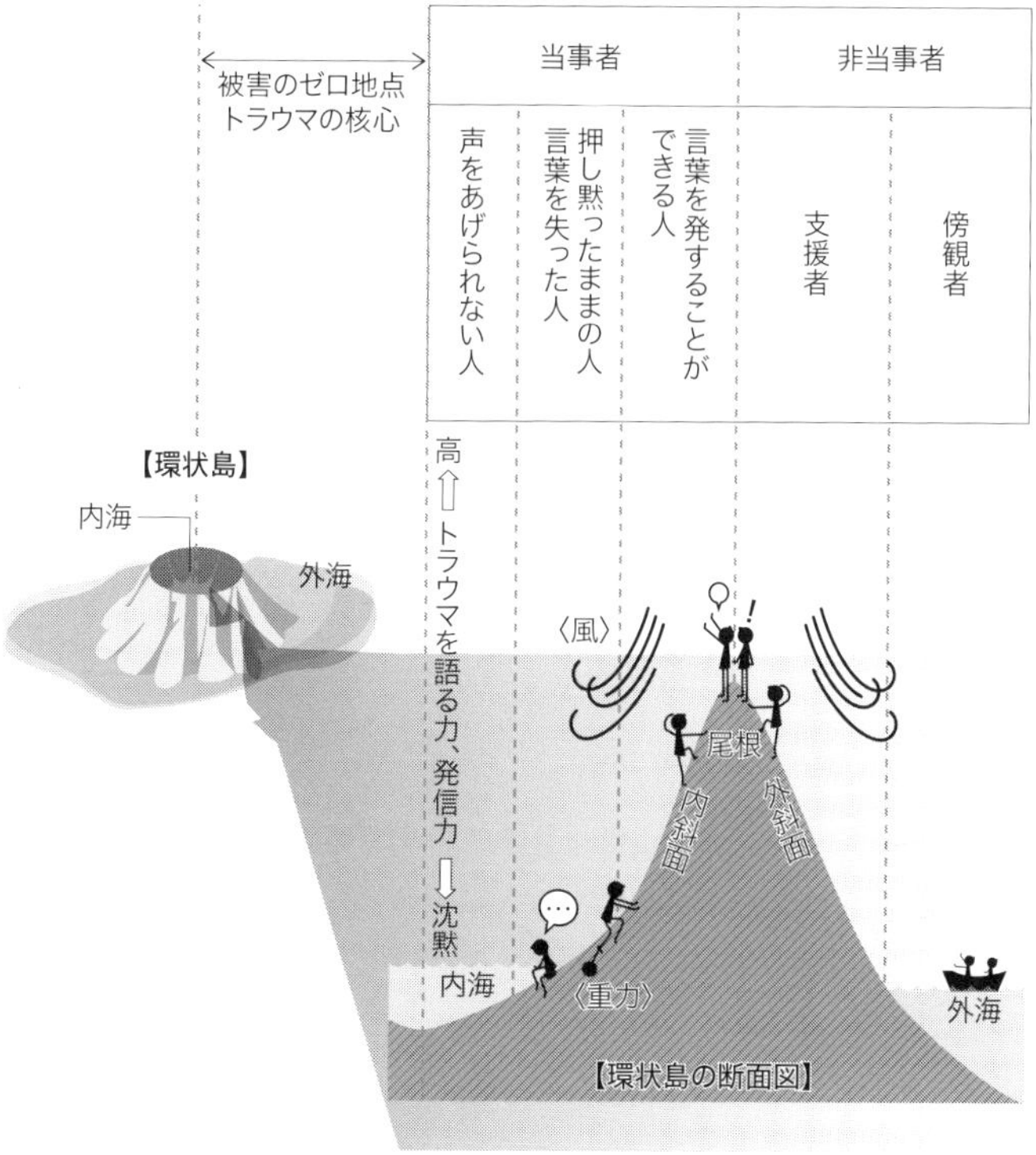

図3・2　環状島モデル

原出典：宮地尚子『震災トラウマと復興ストレス』(2011)、『環状島＝トラウマの地政学』(2007)
出典：東京都人権啓発センター「震災と人権 復興に伴うストレスを知り、息の長い支援活動につなげる」『TOKYO人権　第51号』(平成23年9月30日発行) 所収の図より著者加筆

〈尾根〉でピークに達する。〈外斜面〉には、当事者ではない支援者や関心をもつ非当事者が位置する。〈外海〉はトラウマ問題に関心をもたない人の領域である（宮地 2007: 10-12）。

ここで、この「環状島」を用いて、確認したいことは、トラウマ的な経験・マイノリティの立場に置かれる人たち（ここでは、社会的養護を必要とし、そのもとで生活した人たち）が声をあげるまでには、〈内海〉から這い上がり、内海に押し戻そうとする〈重力〉やあちこちの立場から吹く〈風〉に抗して、〈内斜面〉を登っていく過程を経ているということである。

公的に経験を共有しようとする若者たちも、生き延びてなお、発言するための力をたくわえ、「誰かが聞いてくれるかもしれない」という他者への信頼感や希望、「自分が声を出していい」と思えるセルフ・エスティームを獲得しながら、〈尾根〉へあがってきたことを理解する必要がある。

5・2 トークン化——語られる・利用される

しかし、「当事者参画」の名のもとで、当事者が意図しないことを公的な場で「語られる」こともないわけではない（図3・1の右下）。

例えば、若者たちを「支援したい」と思う大人たちが、自分たちの事業や支援を大きくするために、当事者に語らせ、賛同する意見を言わせることは、よくある光景にも思える。「当事者参画」のアリバイやポーズをとる必要に迫られて、準備のできていない望まない当事者に発言させることもあるかもしれない。当事者同士の語りを競わせるコンテストのようなものも、同情を集めさせるために、当事者が真に意図した内容から脚色され語らされる可能性が高い。

こうした当事者の消費は、当事者の声のトークン化と呼ばれる。こうした語らせ方は、ようやく声をあげた当事者の真の声を奪い、消耗させていく。

5・3 安全で意図した語りを守るために——ストラテジック・シェアリング

トークン化だけでなく、聴衆の期待に応えようと自分の経験を詳細に話し過ぎてしまったり、十分に扱うことのできないトラウマについて話すことでしんどさを抱えたり、大人たちに語ることを半ば強制されて傷ついていく当事者もいる。当事者にとって自身のストーリーを話すことは、自分自身の回復や変化に向けた大きなエネルギーをもつと同時に、リスクも内包するのである。

こうした事態に陥らないために、米国では、連邦レベルで活動する当事者団体などによって、安全性確保のためのトレーニング「ストラテジック・シェアリング（Strategic Sharing）」が提案され、広く共有されてきた▼1。このトレーニングの重要な点は、自身の経験を話そう・共有しようとする当事者ユースたちに、自身のストーリーは自分自身のものであると伝えることにある。話したくないことは話さなくていい、何をどこまで話すかは、自分の安全性と相談しながら決めていくことができる。そして、聞き手のニーズに応じて、自身のエピソードなどを効果的に用いて、相手の変革を促していく。

ストラテジック・シェアリングには、当事者自身だけでなく、依頼する側や聴き手に対するトレーニングも含まれている。例えば、当事者になぜ語ってほしいか伝えること、当事者が十分な準備ができるよう時間を確保すること、当事者の語りたいことを尊重すること、当事者の語りを編集したりねじ曲げたりしないこと、当事者の語りがどこでどのように使われるのか開示すること、好奇心を満たすための深掘りをしないこと、当事者に対しても専門家に対して示す敬意や感謝と同様の態度を示すことなどが明記されている。

アメリカで、当事者活動をしている若者（ユース）に話を聞くと、自分自身のことを語る際には、「かわいそうさを売らない」という大前提があるという。自分自身を「かわいそうな人」として扱う場で語ると、「かわいそうな人」としての自分を強化することになるという。あくまでも、社会的養護の専門家として、自分の経験を効果的に伝え、改革に動いてもらうために語るのである。当然、日本においても同様の考えのもと「声」が聴かれるべきである。

5・4　社会を変えていく

そして、こうした「声」が、いま、社会を変えようとしている。

すでに30年以上の蓄積があるアメリカの当事者活動カリフォルニア・ユース・コネクション（CYC）は、議会に当事者の若者たちの声を直接届けることで、社会的養護にまつわる20の制度政策を変えてきた。日本でも、北米の方法を取り入れつつ、実効的な政策への参画、当事者によるユース・アドボカシーが始まっている。

当事者が語ることは義務ではない。語ろうとする当事者自身が、語る過程や目的といったすべてに対して、コントロールする感覚をもて、語らされているのではなく、目的のために望んで語っているという感覚をもてているかともに確認したい。そして、「声」を上げるまでのこと、「声」をあげた意味をしっかりと受けとめ、ともに社会をつくっていきたい。

注

1　こうした安全性のためのトレーニングは、ピア to ピア（仲間から仲間へ）で行うことで効果を高めるといわれている。日本では日米の当事者ユースの団体 International Foster Care Alliance（IFCA）が許可と翻訳権を受けて、日本語版を作成し（International Foster Care Alliance 2015）、現在、日本の実情に合わせるようユースの手で工夫が加えられながら、ピア to ピアでの普及に向けた活動が行われている。

文献

Dahrendorf, Ralf（1979）*Lebenschancen. Anläufe zur sozialen und politischen Theorie*, Suhrkamp, Frankfurt a.M.（吉田博司・田中康夫・加藤秀治郎訳（1982）『ライフ・チャンス――「新しい自由主義」の政治社会学』創世記）

Foster Care Alumni of America・Casey Family Programs『Strategic Sharing』

井上靖子（2015）「児童養護施設経験者の心理と支えについての一考察――『語られない語り』への関わりの観点から」『兵庫県立大学環境人間学部研究報告』17, 1-13

International Foster Care Alliance（2015）『ストラテジック・シェアリング――Strategic Sharing』

International Foster Care Alliance（2017）『Youth Publication Vol.5　特集 社会的養護における当事者参画』
International Foster Care Alliance（2019a）『児童福祉施設や里親家庭を巣立つ若者たちの伴走者のためのブックレット　サポーティブ・アダルト』
International Foster Care Alliance（2019b）『IFCAユース・プロジェクト――社会的養護のもとで育った当事者ユースの活動』
宮地尚子（2007）『環状島＝トラウマの地政学』みすず書房
宮地尚子（2011）『震災トラウマと復興ストレス』岩波書店
永野咲（2017）『社会的養護のもとで育つ若者のライフチャンス――選択肢とつながりの保障、「生の不安定さ」からの解放を求めて』明石書店
永野咲（2019）「日本における当事者参画の現状と課題」『子どもの虐待とネグレクト』21(1) 8-14
永野咲（2020）「社会的養護と当事者活動」松本伊智朗編『シリーズ子どもの貧困④　大人になる・社会をつくる――若者の貧困と学校・労働・家族』明石書店
長瀬正子（2019）「子どもの『声』と子どもの貧困――子どもの権利の視点から」松本伊智朗編著『シリーズ子どもの貧困①　生まれ、育つ基盤――子どもの貧困と家族・社会』明石書店
西田芳正編著　妻木慎吾・長瀬正子・内田龍史著（2011）『児童養護施設と社会的排除――家族依存社会の臨界』解放出版社
両見志麻（2005）「児童養護施設卒園生へのナラティブ・アプローチ――施設で育ったわたしの物語」『武蔵野大学大学院紀要』5, 99-112
田中理絵（2004）『家族崩壊と子どものスティグマ――家族崩壊後の子どもの社会化研究』九州大学出版会
内田龍史（2011）「児童養護施設生活者／経験者のアイデンティティ問題」西田芳正編著『児童養護施設と社会的排除――家族依存社会の臨界』解放出版社、158～177頁
鷲田清一（2012）『語りきれないこと――危機と痛みの哲学』角川学芸出版

第Ⅱ部　すき間からの居場所のつくられ方

第4章 仕切りを外すつながりづくり
——地域の子ども食堂と学習支援の取り組みから

佐藤 桃子

はじめに

地域社会の中で、子どもや若者は脆弱な存在である。アメリカの社会学者オルデンバーグが提唱した「サードプレイス」は、自宅と職場とは別の豊かで多様な交流を提供する誰にでも開かれた公共空間であり、インフォーマルな公共生活に必要な集いの場である。ところがオルデンバーグによると、大人が形成する「ネットワーク」は子どもや若者を排除する「反（アンチ）子ども」の性質をもつ。「コミュニティ」に代わり大人たちが形成する「ネットワーク」は排他的で、そこから子どもや若者が締め出され、かつての家庭やコミュニティが子どもを包摂していた機能が失われてしまったためである（Oldenburg 1989=2013: 419）。つまり、子どもや若者は現在の地域社会の中では居場所を奪われがちである。

その一方で、「子どもの居場所づくり」という動きが地域社会にはある。不登校の子どもの居場所、障害児とその保護者の地域での居場所など、さまざまな実践例がある。代表的な取り組みとしては、近年大きなムーブメントになった、「子ども食堂」が思い浮かぶだろう▼1。全国にはおよそ5000か所の子ども食堂があるが▼2、子ども食堂が全国で急激に広がったのは、子どもの貧困という社会問題が2000年代後半に顕在化したためである。子どもの貧困というショッキングなキーワードに対する応答が、地域社会のボランタリーな「食堂」の取り組みだったと考えられる。

多くの子ども食堂は「誰でも立ち寄ることができる場所」という看板を掲げ、困りごとを抱えた子どももそうでない子も、スティグマを感じることなく利用することができる。こうした「子どもの居場所」の取り組みは、子どものニーズをキャッチするアウトリーチの場として機能する場合もある▼3。そこでは、自分から支援につながることはない、しかし表出されないニーズがある、地域の「すき間」にいる子どもに手を伸ばすことができるのではないだろうか。

本章では、地域社会の「すき間」に生まれる子どもたちの居場所づくりの活動を取り上げる。「居場所」という言葉には、「居心地のいい場所」という意味が含まれる。子ども食堂や子どもの学習支援というボランタリーな地域の取り組みは、どのようにして居場所となり得るのだろうか。それは、子どもたちにとって、そして、子どもたち以外の誰にとって居心地のいい場所となるのだろうか。本章では、ある地域の2つの取り組みの実践者の語りから、子どもたちのための居場所が子どもと地域社会にとってどんな意味をもつのか考察する。

1　2つの子どもの居場所のはじまり――子ども食堂と学習支援グループ

1・1　なないろ食堂

1つ目の実践は松江市の子ども食堂「なないろ食堂」である。なないろ食堂は、異なる立場の団体が協力し合って運営される多主体連携の子ども食堂である。松江市で2011年から開催されてきた「地域ケア連携推進フォーラム」は、社会福祉協議会・生協しまね・JA・保健生協などの民間非営利団体が参加し、多主体連携による地域づくりを実現するために学びや研修を行う場である。ひきこもりや貧困問題など、地域社会にある課題を取り上げて学び合う。関連団体はこの学びを通して、生活困窮者支援・子どもの貧困問題などを地域の実践課題と捉えて向き合ってきた。「なないろ食堂」は、この地域ケア連携推進フォーラムの構成団体が中心となって「なないろ食堂運営委員会」を結成し、2016年11月に始めた子ども食堂である。月に一度の開催で、子どもと保護者を合わせて毎回30名程度の参加者とおよそ20名のボランティアが集まる。

なないろ食堂のボランティア4名（Aさん、Bさん、Cさん、Dさん）を対象に行ったグループインタビューでは、食堂を始めたきっかけや問題意識、現在の取り組みについてなどを尋ねた。皆さんの語りをもとに、まずはなないろ食堂の始まりについて紹介する▼4。

地域の課題について議論する「学びの場」である地域ケア連携推進フォーラムから、なないろ食堂はスタートした。「子どもの貧困」についてフォーラムで勉強する中で、「地元ではどうなのか?」「何かしないといけないのでは?」という意見が各団体の参加者から出されたのである。

A：一人ひとりの「これほっとけんよなあ、何とかできんかねえ」って皆でこう、話し合っていく「人間らしい気持ち」を皆がもってることが、その場、醸成された場の中で形になっていくっていうか。個々人がいろんなところで、まあ自分の家庭で、「何とかできないかなあ、どんなことしてあげたらいいかなあ」っていうたぶん、それに入ってなかったら私もたぶんそういう1人に違いないと思うので。何もできないと思うんですよ。だからそういう、何かこういう人たちがいて皆がわあわあ言ってるぞ、その中の一員で「わーーーっ」とできるぞっていう(笑)、何ていうかな、すごい力を得て。(4)

フォーラムという場が特徴的なのは、いろいろな異なる団体に所属する個人が集まって問題意識を共有(Aさんは「醸成」という言葉を使った)できることだ。各団体を代表して子どもの支援を行うということではなく、あくまで個人として問題意識をもちより、話し合う。そして個人の単位で

は「何とかできないかなあ」と思うだけだった気持ちが、「皆がわあわあ言ってる」中の一員になることで、「すごい力を得」ることができる。なないろ食堂が始まったのは、学びを共有し、「何とかできないか」という気持ちを共有する場があったためである。

子どもの居場所づくりは、こうした自分以外の仲間の登場や外部の要因に後押しされる。居場所づくりへの内発的な動機があり、具体的な計画があったとしても、実際に地域でそれを始めるには大きなエネルギーが必要になる。

1・2　子どもの学習支援サークル「てごほ〜む」

2つ目に取り上げる子どもの居場所は、大学生が設立した学習支援サークル「てごほ〜む」である。ここでは、代表のGさんのインタビューデータをもとに分析を行う。てごほ〜むは、医学部生の有志が地域の子どもたちのために「無料塾をやりたい」と始めた学習支援の取り組みである。サークルのメンバーには、一度社会人を経験したり、他の大学に在籍してから医学部を再度受験した編入組と再受験組が多く、もと作業療法士、もと臨床検査技師、もと薬学部など個性的な学生が揃っている。Gさんは、もともと法務教官として少年院に勤務していた経験をもつ。少年院では発達障害や引きこもりなどの問題を抱える子がいて、彼らが置かれる状況の困難さを目の当たりにした。

Gさんたちは学習支援を始めようと思い立ってから、メンバーを募り、地域の中学校へ広報活動を行い、社協（社会福祉協議会）の協力を得て、半年も経たないうちに最初の学習支援を開催した。実現するにあたってのスピード感に筆者が言及すると、Gさんは次のように話した。

G：自分はそんなにできないので、なんか本当それに付いていってる感じですね、今は。外に話聞きに行こうっていって、市役所に行くってなったときに、自分は結構1人で動いていくような気持ちで、大体最悪1人でできる範囲みたいな感じだったので。
でもそこで、一緒に付いてくって言って、Hさんとーさんが、僕が来てって頼んだわけじゃなくて、向こうからここ来てくれて。で、そこでなんか、市役所さんから厳しい意見を頂いて、このチラシじゃ誰も来ないみたいな。これじゃ信用性はないし、学校もこれじゃ取り合ってくれないでしょうし、みたいな。結構ダメ出しをだだっとされて。でもここで、いや、違うところ本当はあるみたいな。結構そのときに一緒に2人行ってくれたのは、すごくよかったかなと。自分1人で行ったら…。（中略）
そうですね。Hさんか、ーさんとか「他のところ見よう」みたいなのとか、言ってもらえたっていうのが。1人で行ってたらもう自信をなくして、ぽしゃってしまってたかもしれないと思いながら。(29)

Gさんたちにはアドバイザーがいたわけでもなく、当初は「無料塾を開きたい」と市役所に相談して、冷たくあしらわれている。Gさんは「1人でできる範囲で」と思っていたため、他のメンバーに付いてきてもらうことは想定していなかったが、学生メンバー2人が同行して「他のところ見よう」と提案され、この後、地元の社協につながって支援を得ることができた。なないろ食堂のAさんたちがフォーラムという学びの場に後押しされていたように、Gさんも自分以外にやりたい人（他のメンバー）がいたことが大きな後押しになっている。「僕が来てって頼んだわけじゃなくて、向こうから来てくれて」というGさんの言葉からわかるのは、Gさんがやりたいことを手伝ってもらうのではなく、Hさん、Iさんの「自発的な」やりたい気持ちに背中を押してもらっていることである。Gさんが「1人で行ったらもう自信をなくして、ぽしゃってしまっていたかもしれない」と振り返るように、1人では「やりたい」気持ちを共有する場が生じない。Gさん、Hさん、Iさんというグループのエネルギーがてごほ〜むの最初の開催に大きく寄与したということである。

てごほ〜むはこの後、社協からのバックアップに加え、地元の中学校からの協力体制を得ることができるようになる。

2　なないろ食堂の実践から

2・1　貧困と〈他者化〉

「なないろ食堂」は、前述のフォーラムで「子どもの貧困」を地域の課題として捉えたことをきっかけに始まった実践である。しかし、実際に子ども食堂について聞いてみると、インタビューの中では自分たちの活動と「子どもの貧困」という言葉の間に違和感があることが語られた。Aさんたちは、「貧困」「貧しい」という言葉と自分たちの子ども食堂の実践の間に距離を感じていた。

C：子どもの貧困っていう…。子どもの貧困っていうことなのかあ、どうなのかな、ちょっと私もアレなんですけど、ただ、医療生協の小児科のある医療機関では、まあそこに来る子どもたちの変化みたいなことがよく「こむこむ」の雑誌とか、いろんなところで報告されていって、その中でなんか、無料の学習塾をやったりとか、まあ子ども食堂もそうなんだけど、ぽつぽつとやる動きがまあ、報告されてたんですよ。(5)

A：…あのう、貧困って言葉がきついよね、何か。その何十年も昔の…戦後じゃあるまいし、みたいな感覚？うん、なんか言葉が。(10)

Aさんたちの中では、「貧困」という言葉そのものに対して「きつい」という感覚、「子どもの貧困」という言葉の居心地の悪さが感覚的に表明されている。話を進める中で、「貧困って何なのか」という疑問とともに、貧困イメージの捉え直しが行われる。

以下は、子ども食堂を始めようとすると多くの場合に地域社会や学校から返ってくる、「なぜうちで貧困対策をしなければいけないのか」という声に対する食堂スタッフの語りである。

B：「ああ、こういう反応が出るだろうな」って私は思ったんですけど、「うちの町内ではそういう人、子どもたちはいない」って。「そういうふうに見られたくない」っていうふうに言われたときに、そういう、貧困な人を誰かが上から助けるっていうよりは、私たちも子どもんときにいろんな田舎の、近所の人たちに怒られたり、お菓子あるけん食べにおいでって言ったり、っていうことが、こう皆で仕切りなしに育ててきた世界が、今はその、特別視されてる。

…私もちょっとこないだぐらいから、子育ての応援してると、その、貧しいからとか、何か生活が大変だからだけの貧困じゃなくって、今ひとり親がすごく多くって、お金はある程度ある、あるけど、気持ちの中の貧困っていうか。そういう子たちが今すごい見えてきてて、そういう子たちに誰が手伸ばしてるんだろうなっていうのは、すごく。…お腹空いたら「あそこにお菓子がいっぱい置いてあるから好きなもの食べていいよ」っていうんで、だから、9時くらいまで親が帰るまで、お菓子食べながらゲームして待ってるっていう子どもたちの現状がすごい見えてきて。「この子たちは貧困とは言わないんだろうか？」とか思いながら。その子たちはやっぱりさみしいだろうなっていうのはあって。この辺はどうなんだろうなっていうのは、今頃少し。ちょっと子どもたちの応援をしてる中で感じることが多いですよね。（2）

「うちの町内ではそういう子どもはいない」「そういうふうに見られたくない」という反応は、子ども食堂と貧困イメージが結びついてしまっているために、多くの地域で見られるものである。子ども食堂のムーブメントが起こったとき、子どもの貧困という社会問題と直接に結び付けて、「お腹を空かせているかわいそうな子どもに食べ物をつくってあげる、善意の食堂」というイメージが広がってしまった。NPO法人全国こども食堂支援センター・むすびえの理事長を務める湯浅誠氏は、こうしたイメージが一人歩きすることに警鐘を鳴らした。湯浅氏は、「お腹を空かせた貧困家庭の子どもを対象とする子ども食堂」という誤解に対して、子ども食堂にはもともと「貧困対策」と「多世代交流拠点」の2つの意味合いがあったことを主張し、「こども食堂は地域交流拠点と子どもの貧困対策の2本足で立つ」としている（湯浅 2019）。

子ども食堂が広がり始めた頃から、「本当に支援を必要としている子どもたちが来なければそれは活動者の自己満足に過ぎない」などの批判があった。しかし、子ども食堂を「貧困対策」と限定してしまうことは、地域の可能性を狭めることにつながる。子ども食堂の広がりは、貧困家庭の子どもたちに食料を供給するというよりも、地域社会で子どもたちの問題を共有しようと働きかける意味合いを強くもっていることが、全国の多くの実践からわかっている。子どもに限らず多世代の人が集まって食事をする、交流の場として機能している食堂がたくさんあるのだ。

ここでは、Aさんたちがその「誤解」とどう向き合っているのか、自分たちの実践をどう位置づけているか、インタビュー内容から読み解くことができる。Aさんたちは、「貧困」という言葉のイメージと自分たちの活動に乖離があることに気付いている。そのため「貧困」という用語を使うことに葛藤が生まれ、2つの違和感が示されている。

1つ目には、「貧困という言葉にネガティブな意味がある」「貧困って言葉がきつい」という言葉自体への抵抗感や、「貧困な人を誰かが上から助ける」というイメージのような、ラベリング機能をもつ貧困という言葉に対する違和感である。そして2つ目に、「気持ちの中の貧困」に「誰が手を伸ばしているんだろう」という違和感がある。自分たちは地域社会の中で育てられてきたのに対して、「9時くらいまで親が帰るまで、お菓子食べながらゲームして待ってるっていう子どもたち」がいる。インタビューの中でBさんが示した「貧困」という言葉への違和感は、「この子たちは貧困とは言わないんだろうか？」という、気持ちの中の貧困が射程に入っていないのではないか、という感覚である。

貧困という言葉には、ラベリングとスティグマの問題がついて回る。つまり、貧困という言葉によって容易に「お腹を空かせたかわいそうな子ども」というレッテルが貼られてしまう。『貧困とはなにか』の著者リスターは、貧困についての言説が構築されることは言語とイメージを通して貧困者を〈他者化〉することである、と整理している。〈他者〉として貧困者を構築するのは、いつも力の強い「非貧困者」であり、非貧困者と貧困者の間には「我ら」「彼ら」の関係がつくり出される▼5。イギリスで「アンダークラス」「福祉依存」といった言葉があいまいな定義で周縁的な存在全体にスティグマを付与したように、一線を引いてあちら側にいる〈他者〉として構築された「彼ら」には、「貧困」というスティグマが付与される。

Bさんたちは子どもの居場所をつくる活動で、「皆で（子どもを）仕切りなしに育ててきた世界」、つまり近所の人に怒られたりお菓子をもらったりした地域社会を想定している。「貧困」という言葉を捉え直し、地域での関係性を復活させることで、「気持ちの中の貧困」を解消することができる。そこで「仕切りなしに子どもを育てる」ことは、「貧困」という言葉の仕切りを外すことにもつながるだろう。

2・2 他者化しないアプローチとしての「場づくり」

それでは貧困者が〈他者化〉されるのではなく、子どもを「仕切りなしに」育てる地域社会を目指して、なないろ食堂ではどんな実践が行われるのか。Aさんたちは、対象をつくって〈他者化〉するアプローチではない子ども食堂の形に言及している。そしてここで改めて「貧困」という言葉は否定される。

A：貧困って言ったら、広がらんな。
D：だから、関わってない人はちょっと拒否感とか、「貧困対策」とか、ちゃんとしないからとか。でも、一緒に何かやってる人は、それはまあ一部で、その他いろいろな所が見えたり、自分も楽しかったりやりがいがあったりするんで。そこまで気にしてないけど。関わっていないとその言葉（貧困）は相当強烈に。
A：で、逆にその言葉（貧困）が遠ざけちゃうよね。もっともっと関わってほしい人も。私たちの、その最初のね。いまだったら、別の地域で説明せえって言われたら「皆さん見てください、楽しそうでしょ！」とかって感じで、わーっと写真でも出して、やれると思うのよ。貧困って言葉、ただの一回も使わずに行けるんじゃないかと思うくらい。
B：でも私たちもそのときは関わってなかったから。だからその言葉、イメージができなかったからそれは、仕方ないと思う。今はやってるからちゃんと、自分の伝え方とか感じたことを伝えられるけど。（22）

「貧困って言ったら広がらん」と、貧困という言葉と子ども食堂の活動を切り離すと同時に、Dさんは子ども食堂に「関わっていないとその言葉（貧困）は相当強烈に」作用することを確認している。つまり、なないろ食堂のスタッフも以前はそうであったように、子ども食堂を遠巻きに見ている他者であれば、貧困という言葉に囚われてしまい、「私たちもそのときは関わってなかったから」「イメージができなかった」。しかし、関わってみれば、つまり「一緒に何かやってる」と、子ども食堂の内部でそのイメージを言葉にして「見てください、楽しそうでしょ！」と「伝えられる」のである。ここでBさんが「自分の伝え方とか感じたこと」と言っているように、関わりをもつこと、「一緒にやる」ことによって、子ども食堂が「自分の」ものになる。

Aさんたちは、食堂という場で「関わり」をもつことによって、「自分の」言葉で活動を言語化し、今まで外から規定されていた貧困のイメージや、子ども食堂＝貧困という違和感を乗り越えている。ここでAさんたちは、子ども食堂にやってくる人たちを〈他者化〉することを否定する。そうしてできる場所が「楽しそうでしょ！」と言える子どもの居場所である。この「関わりをもつ」フェーズを経て、なないろ食堂の活動は、最初の「言葉は硬かったし頭も固かった」食堂スタートから、誰でも来られる「楽しい場」づくりへとシフトしていった。

A：当初はまあ、私たちも、言葉は硬かったし頭も固かったなあと思うけど。やっぱり多世代が集う、ほんとにあのー、楽しい「場」って。交流の場だって。見たらそれしかないわけで。現状見たらそんな様子しかかね。「そうなんだ！」と思えば本当にすごく気も楽だし、やってる意味合いもあるし、ボランティアさんに来てもらってボランティアさんにも楽しんでほしいな、と思えるし。まあそれで、十分意味あるなあって思えるようには。あんまり「貧困、貧困」って思わなくて。そこにもっと来られるといいなあ、とは思いますよ。少しでも来られるとはいいなあ、とは思いますけど。そこに固定化せずにね。まあやり続けることが私たちのできることかなあって。この「誰でも来れるよ、楽しいよー」「いろんな人来れるよー」っていう場をつくり続けて、「誰でも来られる」っていうことをつくるしかないかなーと。(11)

Aさんたちは「あんまり貧困、貧困と思わない」ようになると同時に、「誰でも来られる」楽しい場づくりを志向するようになっている。そして、「誰でも来れるよ」「いろんな人来れるよ」というのは、「一緒にやる」ことを地域の人たちに呼びかけることによって、地域社会にある「仕切り」を外す活動なのである。誰かを〈他者化〉する貧困のイメージが「関わりをもつ」ことによって払拭されるのであれば、地域の人たちが気兼ねなく関わりをもつことができる「楽しい場」「交流の場」をつくればいい。「皆さん見てください、楽しそうでしょ！」と伝えることができるのは、Aさんたちが「自分たちの伝え方で」「一緒にやる」ことを通して、仕切りを外してつくり上げたないろ食堂があるからだ。

2・3 「みんなが求めている」おたがいさまの仕組み

子どもたちを〈他者化〉しない居場所は、「自分」には何をもたらしているのだろう。なないろ食堂のインタビューでは、「おたがいさま」という言葉が何度も使われた。「おたがいさま」とは、生協しまねの組合員が発案して2002年に始めた有償たすけあいシステムである[▼6]。日常のちょっとした困りごとについて、「困っている人=利用者」と「たすけたい人=応援者」をつなぐ助け合いの仕組みである。おたがいさまの活動も子ども食堂も、また、食堂から派生して始まったフードバンク[▼7]も、「お互いに支え合う」という理念をベースにしている。

A：でももっとね、それ以外の、以上のことが、やっぱりみんなが求めているものに「わーっ」とピタっとして、「ああ、私にもできる」っていう場だった。広がりを感じるんだけど、誰にでもできる。
B：だからみんな、なないろでも、いろんな人が「こんなことしてあげたら喜ぶんじゃないか」って、いろいろな、毎回イベントがあるほどみんながね。貧困とかそういうことじゃなくて。
A：そんなこと抜け取るわね、みんな（笑）
B：自分がやりたいからじゃないかって、私なんか思う。
A：ボランティアもみんなそうよ。ボランティア何でやっとるの、言うたらそんなこと（貧困）誰も言わんかったよ。自分が楽しいとか、「来たら、子どもたちが何か言ってくれたからすごく嬉しかった」って言う高校生とかさ。なんかそういうことでしょ。だから、ボランティアとかやってる人に聞いたら、今の（貧困）は何も出てこないかもしれない。(19)

ここで言われる「みんな」とは、なないろ食堂の実践者とボランティアスタッフ、地域の人たちのことである。子ども食堂というのは「ああ、私にもできる」という、「応援者」が求めていた場所だったのではないか。ここではAさんが「みんなが求めているもの」に「ピタっとして」つまりおたがいさまの仕組みのようにマッチングされているのである。後ほどこれは「みんなの渡りに船だったんだと思う」という言葉で言い換えられる。みんなそうして、自分の居場所を求めてやってくるのだとAさんたちは笑う。子どもたちよりボランティアスタッフの数の方が多い日もある。

毎回必ず参加してくれる、ボランティアスタッフのFさんのことが話題にのぼった。Fさんは、歯の具合が良くないので、食堂のメニューを事前に確認しにやって来る。

「食べ物のこと気にしておられるんだけど、やっぱりいつも来てくださるよね。でもそのことだけが気になるんやんか、もし食べれんかったらいかんから、って思うんだって」

そうめんだったり、カレーだったり、自分が食べられるメニューだとわかるとFさんは「あ、食べられるわ！」と安心する。Aさんたちは「Fさんが子どもの貧困考えてるなんて思えん」「それでいいんやないかと思うけどね。それで結構集まって来とる感じよね」（20）と笑っている。Fさんは毎回子どもと全力で遊んでくれる男性で、外遊びのときには学生ボランティア顔負けの体力を誇っている。ボランティアがそれぞれに、「こんなことしたら喜ぶんじゃないか」「こういうものつくっていったら子どもは遊ぶんじゃないか」と毎回考えて食堂にやって来るのであり、それが「みんなが求めている」ものなのだろう。

A：子ども食堂でできてる場は、もっとそれ以上の豊かな場というか。ね、つながりの場だったり、地域のイキオイだったり、あたたかさだったりが、わーっと出る場だから……

B：自分の役立ちをちょっと発揮できるような、地域のね。場だったり。

A：探しておられたかもしれんね、何か。

B：そういうことがあるなら手伝うよ、とか。みんな、何か食べ物もって行こうかとか、声をかけたりとか。そういうつながりがあんまりなかったのが、それがあることで、まあ何か理由があれば皆動きやすいじゃないですか。やっぱりそれが役立ってて、別にその、貧困をね。政府がちゃんとやらないから「代わりにやってる」っていう感じではないと思いますけど。(19)

食堂にボランティアがやってくる理由も、「自分たちが楽しいから」である。Aさんたちが「楽しいよ、おいでよ！」と自分の言葉で伝えることができるようになったのも、「子どもが」楽しいと同時に「自分が」楽しいと気付いたからだった。そして、ボランティアがなぜ「自分が楽しい」と感じるのかというと、そこが「自分の役立ちを発揮できる」場だからであり、それこそが「探しておられた」場所だからなのである。ここでは、当初は子どもたちを支援する対象として始めた居場所づくりだったが、ボランティアスタッフが「子どもたちはどうしたら喜んでくれるだろう」と考えたり、実際に喜んでくれることでボランティア自身の居場所になるというプロセスが表現されている。子どもの「楽しい」がスタッフの「楽しい」に連続していた、それは予期せざる結果かもしれないが、まさに「渡りに船」だったということである。

子どもたちのためという看板をつけて地域に出現した居場所であるが、ここではもはや、〈他者化〉された貧困者という対象はいなくなっていて、ボランティアを含めみんなが「自分」を主語にして食堂を楽しむためにやって来ている。

3　てごほ〜むの実践から

3・1　当事者になる

てごほ〜むの学習支援の実践は、子どもの貧困という社会問題も意識されてはいたものの、より「自分たち」に引き付けて考えられていたようだ。「自分」を主語にしていたなないろ食堂と同様に、てごほ〜むの代表Gさんへのインタビューにも、支援する／される側の入れ替わりという構図を見ることができる。

G：問題のある子をピックアップしようって思ってたんですよ。結構だから最初は、そういう子たちにやるんだって。でもそうすると皆さん言われますが、ラベリングされてしまうっていう、グループが。それはできないっていうのがあって。問題のある子って何なのかなっていうのが、実はだから自分も生きづらさはあったし、中高で、特に問題はないけど。結局だからあんまし関係ないのかなっていう、その問題あるないとか、どういうことかっていうのは。結局こっちにできるのは、開いておくことなのかなとかって、最近は思ってますね。最初、だから中高、ボランティアする側、される側っていう、支援する側、される側っていう感じもありましたけど、今はなんかそういうのじゃないなっていう、居場所づくりっていったらもっと自分たちにとっての居場所づくりにもなってるっていうのは、すごく始めてみて思いました。自分は1人でやってくつもりでしたから、こうやって仲間を集まって、結局自分自身の居場所にもなってるというふうに。（31）

ここでGさんとメンバーは、「問題のある子って何なのかな」と重要な問いを投げかける。これは、なないろ食堂のスタッフが「貧困って何なのか」と考えていたこととも似ているが、Gさんが「実はだから自分も生きづらさはあったし」と話していることとつながりがある。

G：人間と関わるのつらいなみたいな感じのところは、すごく。

（中略）

G：話さないですね。そういうことは、やっぱり言わないんじゃないですかね、自分は。
佐藤：そうか。学校で嫌なことあったとかっていうの。
G：その嫌なことが、本当にすごい嫌なことが、いじめられてるわけでもないですしね、自分は。
佐藤：そっか。ただ端っこにいて。
G：いて。

佐藤：人間と関わるのつらいなって。
G：つらいなっていう感じなので。完全に自分のあれですね。関わりにいけば、もしかしたらよかったのかもしれないですし。
佐藤：それって当時から思ってました？自分は人と関わるの、苦手だなって。
G：苦手とすごく思ってました。結構もともと子どもの頃から人見知りするタイプだったので。正月とか、なんか親戚とかいっぱい集まると、黙ってじっとしてて。帰りの車の中で、いきなり元気になるタイプの。（17－18）

Gさんは、自分が中学・高校生だったときの漠然とした生きづらさを「人間と関わるのつらいなみたいな」と表現した。「人間と関わるのつらい」と思っていて、現在とは考え方が全く違ったが、いじめを受けていたわけでもなく、対外的に見れば「特に問題はない」子だった。それでは「問題のある子」というのは誰なのか、問題ある／ないとは何なのか、つまりGさんは、中高では「人間と関わるのつらい」と思いながら端っこに座っていた自分は果たして「問題のある子」だといえるのだろうか、という疑問をもつ。

Gさんは学習支援の対象となる子どもたちの話だけでなく、だんだん「自分たち」の話に引き付けていく。最初は「問題のある子」をピックアップして対象にしようとしていたが、問題のある／なしの線引きが現れる。この線引きに、Gさんは自分の経験をもって矛盾を感じる。ボランティアする／される側の線引きをやめる。線引きをやめると同時に、今のてごほ～むが「自分たち」の居場所づくりにもなっていることに気付く。これは、「問題のある子」や「貧困」というラベリングをやめたときに、楽しい居場所があらわれるという、てごほ～むとなないろ食堂の共通点でもある。

Gさんに限らずてごほ～むのメンバーは、学習支援の活動を「社会課題の解決」というより「自分たちも勉強では苦労したから」という動機から始めており、子どもたちの立場、当事者目線に立ったピアサポートの実践のように見える。Gさんが「1人でやっていくつもりだった」活動が「自分たちにとっての居場所づくりにもなっている」という点でも、なないろ食堂のボランティアスタッフが感じる「渡りに船」と似ているのである。

3・2　自立と貧困を捉え直す地域の居場所

なないろ食堂のAさんたちが「子どもの貧困」という言葉と自分たちの実践に距離をもっていたのと同様に、Gさんも、日本で使われる貧困という言葉には「ネガティブ」なイメージをもっている。Gさんは医学部に入る前にフィジーに留学していた経験から、フィジーの人々の貧しくても豊かな暮らしを思い浮かべる▼8。フィジーでは、地元のビレッジ（村）に帰ってくれれば現金収入がなくても飢えずに暮らしていける、地縁によるセーフティネットがあった。

〜G：なんか結構貧困っていうことに対して、すごいネガティブなイメージが日本はあって、すごく自己責任だったり、生活保護はなんかすごい国の厄介になってるみたいな、でもなんか、フィジーの話を聞いたら、ビレッジが一番底辺ですよね、言ってみれば。ビレッジにいて、生活してるのが、一番下というか。でもそれがベースじゃないですか。なんかそこって、悪いわけじゃないですよね。ビレッジにいて、仕事なくて、生活しててもいい。そこで町に出て働くのは、プラスアルファみたいな。だから日本だと、生活保護じゃなくて、普通に町で仕事して、ちゃんと働いてるのがベースにあって、そうじゃない人は劣っているみたいな、みんな普通も生活保護受けたりとかしてれば、ベースっていうぐらいの気持ちがあるといいですよね、だから。（G－6）

G：だから豊かですよ。お金じゃなくて、全然いつでもあったかいですし、年中。いつでも果物なってますし、すぐ漁行けば、魚もとれますし。多分飢えて、寒くて、凍えて死ぬってことが、まずないという環境っていうのは、すごいなと思いましたね。（G－6）

Gさんもやはり、日本の「貧困」という言葉からは「そうじゃない人」つまり働いていない人、生活保護を受けている人などを他者化するニュアンスを感じている。日本では、例えば生活保護を受けて生活することが「すごい国の厄介になってる」「劣っているみたいな」ネガティブなイメージをもつ。

その対比として示されるフィジーの地域社会というのは、「豊か」であった。フィジーでは、経済的に貧しくても〝ベース〟となるビレッジで暮らすことは悪いことではない。働く生活を支える基盤としてコミュニティが機能しているのである。貧困や生活保護といったものが、必ずしも自己責任や「国の厄介」などのイメージと直結するわけではないことをGさんは知っている。

さらにGさんは、学習支援のメンバーと自立について議論したときのことを話してくれた。

G：なんかこの前、てごほ〜むでも自立ってどういうことなんだろうみたいな、なんか話をしてて。

佐藤：自立。

G：自立してる人はいないんじゃないかって、社会に誰しも関わって、もたれてはいますよね。1人で自給自足で、キャンプ生活してる人はいないですから。だからちょっと自分たちが思ってる自立っていう言葉が、もしかしたら違うんじゃないかなとかって。（中略）自分が言ったのは、自立って選択肢が増えてくことなんじゃないかな、みたいなことを思いました。生活保護抜け出したいけど、生活保護でずっと生活をせざるを得ないって、なんか多分自立してない（と言われる）。でもその人が生活保護で、なんかそれで生活に満足を得られて生きていけるなら、それでも自立かなとかって。選択肢が増えることかなとかって。

貧困って何なのか、問題のある子って何なのか、自立って何なのか、てごほ〜むのメンバーと問いを共有する中で、Gさんは自立という言葉に対して自分なりの答えを出している。一般的に言われる自立ではなく、「選択肢が増えてく」ことによって「生活に満足を得られて生きていける」、それは自立の達成である。そして、地域社会におけるつながりづくりは、結果的に満足を得られるようになった人たちの自立に貢献していると言えるのではないか。子どもたちの居場所づくりに自らの居場所を発見した学生たちや、「役立ちを発揮できる」場所を発見して満足を得られた地域住民たちにとっては、居場所づくりが自立支援とも言えるだろう。

一般的にいう「自立」とは、Gさんが話しているように、生活保護から脱却して自立生活を送ることができる、といった意味合いの、政策の上ではゴール（目標）となる状態を指す。その背景には自立支援を目的とする社会福祉のアプローチがある。

ホームレス自立支援法（２００２年）、障害者自立支援法（２００５年）、生活困窮者自立支援法（２０１５年）などにも見られるように、社会福祉では困窮家庭に限らず支援を考える際には必ずと言っていいほど「自立」という言葉が使われる。桜井は、「自立支援」という言葉を通して現代の社会福祉の特徴を分析し、いかに「自立」というものが「良いもの」として仕立て上げられてきたかを明らかにしている。彼の問題の出発点は、自立とは具体的にどういう状態を意味し、どんな水準を意味するのかを明らかにすることなしに、漠然と「自立支援」という言葉が使われ、「どのように対象者の自立を達成するか」に焦点が当てられてきたことへの疑問である（桜井 2017）。

貧困問題への対応として自立支援が掲げられるのは、個人の怠惰が貧困を生むという「古典的な」理解に基づいている（岩田 2017: 324）ため、所得保障に代表される貧困対策は、この一般的な

「自立支援」の考え方と常にセットになっている。社会福祉が標榜する「自立支援」は、表面上は正しい言葉であっても対象を「自立していない＝依存状態である」とラベリングしてしまう。そして依存状態とは、自立の意欲や意志がない人々としてまさに〈他者化〉され、貧困者のレッテルを貼られてしまう。

しかし、居場所づくりの実践から見えてきた「他者化しないアプローチ」は、こうした一般的な「自立支援」と正反対のベクトルで動いている。Gさんは「問題のある子」を外から規定することはできないと判断し、子ども食堂は、「貧困」のラベリングと他者化を否定し、どちらの居場所づくりも「仕切りを外す」「関わりをもつ」というやり方で、Gさんの言うように「満足を得る」ことを支援している。選択肢を増やすことは、つながりをつくって地域との関係性をつくること、むしろ依存状態であることを肯定する考え方ではないだろうか。なぜなら、地域では「つながりをつくること」＝「生活に満足を得ること」こそが目的であって、1人で立つことを目的とはしていないからだ。地域社会の人たちは子どもの居場所づくりをきっかけにして、自分たちから断絶されてしまった地域との関わりを回復し、満足した地域生活を送ることができるようになる。

4　人とのつながりづくりから地域づくりへ

なないろ食堂もてごほ〜むも、「まずは問題のある子をターゲットにする」という出発点では共通していた。しかし、どちらの実践も「問題のある子」や「貧困な子ども」とは何か、という疑問に直面し、対象を限定しない楽しい場所をつくることによって、その場所が「自分たちのためでもある」ことに気付いていくという過程をたどっている。

こういった場づくりのことをなないろ食堂のAさん、Bさんは「つながりづくり」と呼ぶ。

B：子ども食堂もフードバンクもつながりづくりかなって思うよね。おたがいさまもそうで。貧困を何とかしようとかあんまり私は思ってない。でもつながりがあることが心強かったり安心だったりする。そういう人がいることでまあ、こういう場があるって呼んでくれたり、っていうね。やっぱり元は、つながりづくり？

A：違和感がないとこはそこだね。(16)

A：なんかね、地域再生なのかわからんけど…地域の小さなつながりづくりの、なんか大きなき

っかけだったっていうか…そんな気がする。皆もう、求めてるような時代だったんじゃないかなって。(22)

D：いろんな世代と話すことは他のときにも役に立つかもしれんし。他の地域の集まりでも、「子どもはどうしてるかな」ってちょっと、思うかもしれないじゃないですか。

A：そこを超えてね、なないろを超えてね。

D：今までは子どもに全然目を向けてなくてもね、地域に帰ったら、誰も昼間遊んでる子がいないとか、夏休みに子どもが1人もいないのはどうしてるのかなとか…今子どもが全然いないことに気付くと、そういうところに関わってるとちょっと思ったりするかもしれないし。みんなどっかに行っていないのか、友達がいないから1人家に友達がいないからひとり家にいるのかもしれないし…(と気にするようになる)(23)

ここでは、子ども食堂が当初の目的やねらいに関係なく、「地域」に開かれていくものであるという重要な示唆がある。Dさんが言う「誰も昼間遊んでる子がいないとか、夏休みに子どもが1人もいないのはどうしてるのかなとか」気にするようになったというのは、なないろ食堂のボランティアとしての自分ではなく、地域住民としての自分のふるまいや意識が変わったということを示している。

「地域のちいさなつながりづくりの大きなきっかけ」が実は食堂だったのではないか、とAさんは振り返る。前述のように、Aさんたちが目指す子どもの居場所は、「気持ちの中の貧困」を解消するために地域の関係性が復活することである。それと同時に、Aさんたち自身が地域社会とのつながりを得ることができるようになった居場所でもある。そうした「つながり」が出発点となって、ボランティアスタッフの日常生活に子どもたちが「気にかける存在」として根付いていくのである。これはまさに、地域にできていた「すき間」を埋める支援かもしれない。

Aさんが「なないろを超えて」と言うのは、子ども食堂という1つの実践をはみ出したところでも地域の人たちが変化していき、例えば「子どもの貧困」のイメージが地域全体で変わっていくことを意味している。子ども食堂でいろいろな世代が子どもと関わることによって、参加した人たちの中で地域の子どもたちが「気になる存在」になる。Dさんが「子どもはどうしてるかな」って思うじゃないですか、と言うように、食堂という場だけでなく、地域住民の日常生活に子どもたちが入り込むのである。これは、「関わる」「一緒にやる」「仕切りを外す」ことによって子どもたちと住民が同じ地域社会の一員になったことを表している。

これが、「子どもの居場所づくり」という実践が地域社会で果たす役割である。なないろ食堂もてごほ〜むも、子どもたちに影響を与えると同時に地域の大人たちに大きな影響を与え、多くの人たちを巻き込む実践へと拡大している。子どもの居場所を地域に開いていくということは、貧困者を〈他者化〉させない地域になっていく、地域を変える可能性をもつ。

「つながりづくり」という実践は、数字による達成度やエビデンスが出しづらい。ところが子どもの居場所づくりによって生み出された地域社会のつながりは、実は子どもだけではなく非常に広範に、地域社会に広がっている。これは「自立支援」を目指して対象を個別化していくアプローチとは全く逆の、「仕切りを外して」「一緒にやる」居場所づくりの成果だったと言えるのではないだろうか。

オルデンバーグの論じたサードプレイスにも、地域コミュニティが福祉的役割をもつ可能性が指摘されていた。

「互いの世話をするとき、人びとは自分たちの福祉というものに関心をもつ。そしてこれは、政府のプログラムで得られる福祉よりはるかに優れたかたちといえる。互いの合意と、心からの共感、人びとの状況にたいする本当の理解にもとづいているのだ。「対象者（ケース）」など一人もいない。」（Oldenburg 1989=2013: 24）

子ども食堂のボランティアスタッフやてごほ〜むのメンバーである学生は、「政府のプログラムで得られる福祉」ではないものを提供している、もしくは自分たちも享受していることに自覚的である。協同組合の取り組みである「おたがいさま」という言葉が何度も使われるが、これはサードプレイスの特徴である「互いの合意と心からの共感」、そして参加者を「対象者（ケース）」だと思わない点に通じる部分である。

注

1　子ども食堂の表記について、個々の食堂では「こども食堂」「子ども食堂」「子供食堂」とするもの、また異なる名称を用いるものがあるが、本稿では「子ども食堂」の表記を用いる。

2　２０２０年10～12月に実施されたＮＰＯ法人「むすびえ」による全国個所数調査では、２０２０年12月時点で全国に少なくとも４９６０か所の子ども食堂があることがわかった。しかし新型コロナ拡大の影響で、開催をストップしている食堂も多くある。中には食材配布などにシフトして、子どもたちに食事を届ける活動を継続しているところもある。

3　例えば大阪府から始まった高校内居場所カフェという取り組みでは、生徒がふらっと気軽に立ち寄りやすい学校内にカフェをつくり、お菓子を食べたりスタッフと話をしたりする。居場所カフェは、生徒のちょっとした変化、つぶやき、悩み相談からその生徒の背景や課題をキャッチする場所である。こうした情報収集の場は、生徒の変化を感じ取り、必要であれば専門職につなぐことができる（末冨・田中 2017）。

4　インタビュー内容については、許可を得てＩＣレコーダーに録音し逐語記録に書き出してデータ化した。本文中でインタビューデータを引用する際には、（　）内に逐語記録のページ数を記入し末尾に記す。

5　Lister 2004＝2011: 151

6　生協しまね「おたがいさま」https://www.coop-shimane.jp/otagaisama/

7　フォーラムの参加団体を中心に、困窮世帯を対象に長期休暇に食料品を届ける「フードバンクしまね・あったか元気便」という取り組みが２０１９年より始まった。

8　Gさんは、フィジーの共同体におけるシェアの概念「Kerekere（みんなのもの）」を紹介しながら、彼らの豊かさを説明してくれた。誰かの所有物というより「みんなで使うもの」という考え方である。

文献

岩田正美（2017）『貧困の戦後史』筑摩書房
桜井啓太（2017）『〈自立支援〉の社会保障を問う』法律文化社
末冨芳編（2017）『子どもの貧困対策と教育支援』明石書店
湯浅誠（2019）「こども食堂の過去・現在・未来」『地域福祉研究』No.47, 15-27
Lister, Ruth.（2004）*Poverty*, Polity Press（松本伊智朗監訳（2011）『貧困とは何か』明石書店）
Oldenburg, Ray.（1989）*The Great Good Place*, Da Capo Press（忠平美幸訳（2013）『サードプレイス』みすず書房）

第5章 つながりをつくる居場所
――放課後等デイサービスにおける支援の論理

渋谷 亮

はじめに

街を歩けばビルの一角に、カラフルな字体で「放課後等デイサービス」と書かれた看板を見かけることが多くなった。放課後の公園に事業所の車が停まっているのを目にすることもあれば、休日のフードコートで子どもたちが指導員と共に食事をしている風景に出合うこともある。

障害のある子どもたちの放課後は、長らく制度のすき間にあった。放課後等デイサービスが、児童デイサービスを引き継ぐ形で開始されたのは2012年である。その歴史はまだ浅い。しかしわずか数年で一挙に拡大し、厚生労働省によれば2020年10月時点で24万8697人の子どもが利用している。事業所の数は実に1万5485か所にのぼり、全国の中学校数よりも多い▼1。おまけに地域によっては密集している。急速な拡大にあわせて度重なる制度の改変が行われ、2018年4月には大きな報酬改定もなされている。これによって経営が厳しくなり、方針転換を迫られた事業所もあるという。だが、その数はいまなお増え続けている。

放課後等デイサービス（以下、放デイ）とは、障害のある子どもの放課後支援のサービスであり、児童福祉法に位置づけられている。2015年に作成された「放課後等デイサービスガイドライン」によると、その基本的役割は「児童の最善の利益の保障」である。そのために「学校や家庭とは異なる時間、空間、人、体験などを通じて個々の子どもの状況に応じた発達支援を行う」とされている。それと並んで、放課後児童クラブなどの子育て支援策をバックアップすること、また子育ての悩み相談やケア代行などの「保護者支援」を行うことが掲げられている（厚生労働省 2015: 2-3）。つまり放デイには、家庭と学校のあいだで障害のある子どもの多様な支援を担うことが期待されている。

しかし、放デイで何が行われているかを明確に述べることは難しい。そもそも事業所のあり方が多様であり、一律に語ることはできない。筆者がフィールドワークを行った事業所では、子どもたちは友達と遊んだり、寝転がって漫画を読んだり、さまざまに時間を過ごしていた。単なる勉強の場でも訓練の場でもない。活動プログラムはあるが、むしろ何でもない時間にこそ何かが生じる。毎日、何かしらの出来事やトラブルがあり、スタッフはその対応に追われる。しかしそれは持続的な成功の物語の形を取ることなく、断片的であらざるをえない。そこにはとりとめのなさと慌ただしさが同居している。

本章で考えたいのは、放デイにおいていかなる支援が行われ、どのようなつながりが形成されているのかである。放デイは、障害のある子どもの放課後という制度のすき間をカヴァーするためにつくられ、家庭と学校のあいだの居場所を提供している。とはいえ、その性質には独特の捉えにくさがつきまとう。決して安定しているとは言えない制度のもとで、さまざまな支援が展開される。そうした支援は、子どもたちが各々の仕方で、それでも共にそこにいる場所をつくりだす。そこには固有の支援の論理とつながりの形を見ることができるはずである。以下ではまず「支援の論理」という本章の問題関心について確認する。そのうえである放デイの事例をもとに、そこで何がなされているのかを具体的に検討していく[2]。

1 放デイと支援の論理

放デイの登場は、障害のある子どもたちの放課後や長期休暇の過ごし方をある程度まで変えてしまったように思われる。むろん、それまでも放デイの前身である児童デイサービスが存在し、また放課後児童クラブ、児童館、サマースクールなどに通う子どもたちもいた。自分たちで居場所を見つけることが難しい子どものための多様な場が存在していたのである。その意味では放デイの以前も以後もさほど変わらない。しかし放デイが急速に拡大・普及することによって、より仔細《しさい》な分離がなされるようになったという指摘もある。確かに放デイは、学童などで障害の有無にかかわらず共に過ごす場をつくる試みとは異なり、障害のある子どもしか利用できない。また地域のつながりのなかで自発的に展開される試みではなく、行政による一定の枠組みに縛られたサービスである。

例えば三好正彦は、放デイに移行した事業所を調査し、放課後が管理化されているのではないかと指摘する。三好によれば、放デイでは細かな報酬計算のもとでつねに経営状態を考慮しなければならず、定められた枠組みのもとで活動せざるをえない。サービスの充実が進み、社会的包摂がなされているように見えたとしても、「効率性・合理性・マニュアル化」によって「共生や地域とのつながりというような〝曖昧なもの〟」が後回しにされてしまう（三好 2016: 45）。だからこそ生活圏は拡大しつつも「空洞化」している、と三好は論じる。

実際、２０１５年に作成された「放課後等デイサービスガイドライン」は、子どもの状況のアセスメントやモニタリング、個別支援計画の作成、ＰＤＣＡサイクルの実施などを強く求め、効率化や合理化を促進している。この点においてガイドラインは、競争主義的な環境を整備し、各人が自らをマネジメントする自己管理の主体となるよう促す新自由主義的なものであったと言えよう。確かに放デイは、多数の問題を抱えた制度である。とはいえ効率化・合理化を前提とし、生活圏の空洞化を背景としながらも、それでも放デイの日々の営みにおいては、単なる効率化・合理化にとどまらない、有用性をかいくぐる多様な支援が展開されているのではないだろうか。必要なのはその論理を探ることである。

A・モルは糖尿病をめぐるケアの実践を検討することで、固有の合理性に基づく「ケアのロジック」を見いだしている。モルによれば近代社会において、消費者や市民として自由に選択を行うことが最善とされる。しかしそのような自己決定と自己責任による「選択のロジック」は、ケアの諸実践では通用しない。むしろそこでは、1回限りの選択ではなく、行きつ戻りつしながら、管理しえない身体や病と共に「よりよく生きる」ための別種の論理が重要となる（モル 2020）。

放デイでもときとしてぎりぎりの弱い合理性のもと、効率化によって個人の主体性を促進するのとは異なる支援の論理が展開されている。それによって家庭でも学校でもない第三の場所が実現され、相互的な連携とは異なるつながりの形がつくられているはずである[3]。とはいえそのような支援の論理は、固定された普遍的特性を持つのではなく、個々の実践の内で試され修正され、絶えず変化していくものであるだろう。それゆえ、具体的な事例にそって支援の論理とつながりの形を検討する必要がある。それでは放デイの内側を見ていこう。

放デイの事業所タンポポ（仮）は、都市部から少し離れた閑静な住宅街のほど近くにある。最寄駅から歩いて約10分、タンポポへと向かう道中には昔ながらの住宅や店舗が点々と並んでいる。近くにはさほど大きくない公園がいくつかある。少し離れた幹線道路沿いには、チェーン店が連なる典型的な郊外の風景が広がっている。筆者は約2年のあいだ、基本的には1～2週間に1回ボランティアとしてタンポポを訪問した[4]。

フィールドワークを行っていた時点では、事業所の開設からまだそれほどの月日が経っておらず、地域とのつながりも決して強くはなかった。小学校1年生から中学生まで、常時10人ほどの子どもが利用していた。知的障害と発達障害の子どもが中心であり、特別支援学校に在籍している子もいれば、通常学級に在籍している子もいる。利用形態についてはほとんど毎日くる子から、他の放デイとあわせて利用し週に1・2回のみの子までさまざまである。子どもたちはいくつかの学校から、車で送迎されてやってくる。平日はだいたい17時半までタンポポで過ごし、車で家まで送迎される。休日は8時半頃から16時半まで開所しており、プールや畑、あるいは動物園や水族館に出かけたりもする。

多様な子どもたちが学校から帰ってきて、家に帰るまでのあいだ、タンポポにやってきて思い思いに過ごす。子どもたちは、気のあう友達を見つけて遊んだり、自分一人の作業に没頭したり、スタッフと外に散歩に出かけたりする。用意された活動プログラムを楽しくこなすこともあれば、何かしらうまくいかないことがあってそれどころでなくなることもある。毎日、何かしらのトラブルが生じながら、それでも結局のところ同じようなことの繰り返しのなかで、一人ひとりが違った形でタンポポに自らの居場所を見つけていく。

以下ではタンポポの3人の支援者（Aさん、Cさん、Eさん）のインタビューとフィールドワークをもとに、タンポポにおける固有の支援の論理とつながりの形を検討する。まずは代表のAさんの語り（インタビュー：20XX年11月6日）をもとに、タンポポの立ち上げ経緯について見ていきたい。

2 第三の場所をつくる——Aさんの語り

タンポポの代表であるAさんは、娘が発達障害の診断を受けたことをきっかけにボランティア団体をつくり、その後社団法人を立ち上げ、放デイの事業を開始した。彼女には目標設定を行い、いいことに焦点を当てて突っ走るというところがある。それはコーチングによって身につけた技法だという。ボランティア団体も社団法人も、つくると決めてからはそれに向かって奔走した。「もうないいんやったらつくろうっていって、そうなんです、つくっちゃうタイプなので」とAさんは笑う。支援体制に関しても、枠づけはしっかり行い、前もっての準備を欠かさない。とはいえ目標を立て計画をし、準備を整えても、それに固執せず棚上げする用意も忘れない。枠づけることと枠を外すこと、Aさんはその調整をしながら、子どもと自分が生き延びることのできる場所をつくろうとする。

Aさんは娘が診断を受けるまで、うまくいかない子育てに悩んでいたという。子どもが食事をしなくなり、保育園をやめたこともある。検診の際には相談もしていた。「頑張っても頑張ってもこの子にー、通じひんのは私が悪いんやってずっと思ってた」とAさんは語る。

で、そのとき〔検診のとき〕に、あのー、1回保育園に行かせてもらったほうがいいかなーっていうのをちらっと相談員さんが言わはって、うん、で、スーパーでも全然じっとしてなくって、もう走り回ってしまうんやけど、私が追いかければ娘が私を見失って迷子になるから、同じところに立ってるしかないいって。でも追いかけるにはもう俊足過ぎて追いかけられへんっていう、ふふ、のとかを相談してて、やっぱ周りからはね、それはもうもちろん白い目で見られますしね（笑）。怒られますしね（笑）。で、言われたんやけど、まあそのとき保育園さんと話をしはったうえでは、あのー、そういうことじゃないと思いますからっていうのを保育園さんが言わはって、じゃあ分かりました言うて、こっちはひきはった感じになったんですよ、うーん。

娘を追いかけることもできず、娘のために「同じところに立っているしかない」。しかし、そのことは周りには伝わらない。動き回る子どもと動くことのできない親、Aさんの支援の論理はそうしたどうしようもなさから出発して、少しずつお互いが安心して動くことのできる場所をつくっていく。

娘が診断を受けた後、Aさんは、医師と話したりペアレント・トレーニングを受けたりすることになった。そのなかで、すべての行動には意味があり、「子どものわがままってないなーっ」と思えるようになる。おそらく、相手のことが分からないことにすら気がつかないとき、知らず知らずに苛立《いらだ》ちがつのる。相手の分からなさに気がつくことは、行動の意味を考えるきっかけとなる。そして「ああかな、こうかな」と逡巡する過程で、相手と一定の距離を持って関わることが可能となる。Aさんはインタビューの後半で、こうした態度を「多方向視点」と呼んでいた。それは、放デイの子どもたちに接する際のAさんの基本姿勢になる。

多方向視点、ふふ。ああかな、こうかなって。それを実際子どもさんに、もしかしてこうなんか？　ああなんか？　って聞いてあげることで、何かね、どっかでね、うんって言うときがあるんですよ、ふふ。で、本人も分かってへんかったけど、あ、自分は今これがしたかったからこういう行動してんやって気づきになったりもして。

ここに見いだされるのは、相手を単に、自らを管理できる個人として捉える態度ではない。むしろ、自分でも分かっていなかったり管理できなかったりするものに巻き込まれていることが前提とされている。そのうえで、そのような相手に対して〈分かっている〉と〈分からない〉のあいだで関わろうとする。それこそがタンポポにおける支援の論理をなしていく。

娘の診断をきっかけに、Aさんはさまざまなことに気がつき、娘との関係も変わっていった。そこでAさんの内には「伝えたいこと」がたくさん出てきたという。知りあった人やたまたま知った事柄が集まって、語ることのできなかった思いが形をとりはじめる。Aさんはそこに自分と娘の活動の場を見いだそうとした。こうして「もうないんやったらつくろう」とボランティア団体を立ち上げる。知り合いの臨床心理士や音楽療法士の協力を得て、子どもと大人にそれぞれ別のプログラムを用意した。1～2か月に1回ほど、子どもは遊びながら音楽や工作に取り組み、大人は講演や交流を通して子どもとの関わりを振り返る。このようにAさんは、大人と子どもがほどよい距離を探りながら共に活動できる、そうした場をつくっていく。

その後、資金の問題や活動の幅を広げたいという思いから、放デイの立ち上げを考えるようになった。そんなとき、自分の子どもが放デイに通いはじめるが、しっくりといかない。「で、えーと、実際娘が使いだして、あれ、何か、もっと私たぶんアイデア出るみたいなところもあって、うん、で、もう決意が固まった、ほんまに固まったっていう感じかな。決めてたけど揺れてたのが固まった、はい、そんな感じです」。Aさんは笑いながら言う。「で、またあれですよ。もうそれやったら自分でつくるわっていうね」。

その際にAさんが重視したのは、第一に、ボランティア団体の活動で培った方法を生かして、環境調整と視覚支援を心掛けることである。子どもが困らないように活動プログラムのしおりをつくり、安心してさまざまなチャレンジができるようにした。第二に、親目線からどういう場にしたいかを考えた。『LINE』を用いた連絡や保護者アンケートをこまめに行い、自分の経験を踏まえ、「忘れん坊のお母さん」のために送迎についての個別連絡もする。それらは、活動の場をつくるための個々の調整であり、タンポポの支援の論理はそうした調整の内に織り込まれている。

Aさんによれば、さまざまな調整の根底にあるのは、ボランティア団体の頃から引き継いだ、

「自分の子どもがどんな悪口言われてるやろうって思わなくていいっていう、そういう安心の場」をつくりたいというスローガンであった。Aさんは言う。「親御さんもどうしようもない特性のことで、周りの人にね、すいませんうちの子がっていうことがすごい多いので、それはここの団体のなかに来てるときだけは、もうそれはもうお互いさまでしんとこうやっていうのをつくってたんですけども」。具体的な経験に基づいて絶えず調整を行うことで、ようやく独自の居場所がつくられていく。Aさんは、タンポポを学校とは異なる場にしたかったという。

で、学校ってどうしてもね、横並びを良しとするので、やっぱ怒られて怒られて帰ってくるんですよね、ふふふ。で、デイに来てまでもしんどい訓練やったりとか、もうそんなんは要らんやろう、っていうのと、もともと私セラピストやったっていうのもあって、あのー、訓練っていうよりも、もうセラピーをメインにする場にしようと、うん。

学校が平等と集団性を重視するのだとしたら、Aさんは「セラピー」をメインにしようとする。別の機会にAさんにとってのセラピーとは何かを聞いた（インタビュー：20XX+1年5月16日）。それは、誰にも見せられない「ドロドロしたもの」を吐きだすことだという。そのためにAさんは過ごしやすい場をつくり、「踏み込まへん」で「待つ」ことを重視する。「じゃあセラピーって何って言われたら、待つ時間もあり、踏み込まへんって感じかな」。

学校が社会への適応を学び、日々のなかで変化するための場所であるとしたら、タンポポはむしろ、支援の論理のもとで絶えず個別にあわせた調整を行いながら「待つ」、そうした場所なのかもしれない。とはいえ、それはたんにストレスのない居心地のいい場所であるというわけではない。さまざまな子どもが日々を過ごし、そのなかで葛藤やすれ違いが生じる。そもそも放デイという制度自体が安定したものではなく、とりわけ2018年4月の報酬改定は経営的な方針転換をせまるものであった。そうした数々の軋《きし》みのなかでかろうじて「待つ」ための場所はつくられるのである。ここで次にタンポポがどのような場であるかを検討していこう。

3 枠づけることと枠を外すこと

確かにタンポポは一面では家庭的な場所である。子どもたちは「ただいま」と言いながらやってきて、スタッフも「お帰り」と言って迎える。子どももスタッフも互いをあだ名や「ちゃん」づけで呼ぶ。子どもは寝転がってお菓子を食べたり、漫画を読んだりしている。

とはいえ、何をしてもよいというわけではなく、おおまかな枠づけがなされている。例えば、はじまりの会、活動プログラム、終わりの会といった時間的な区分けがなされ、それぞれの時間になると決まった音楽が流される。平日なら40分ほど、クッキング、工作、おでかけ、音楽療法などの

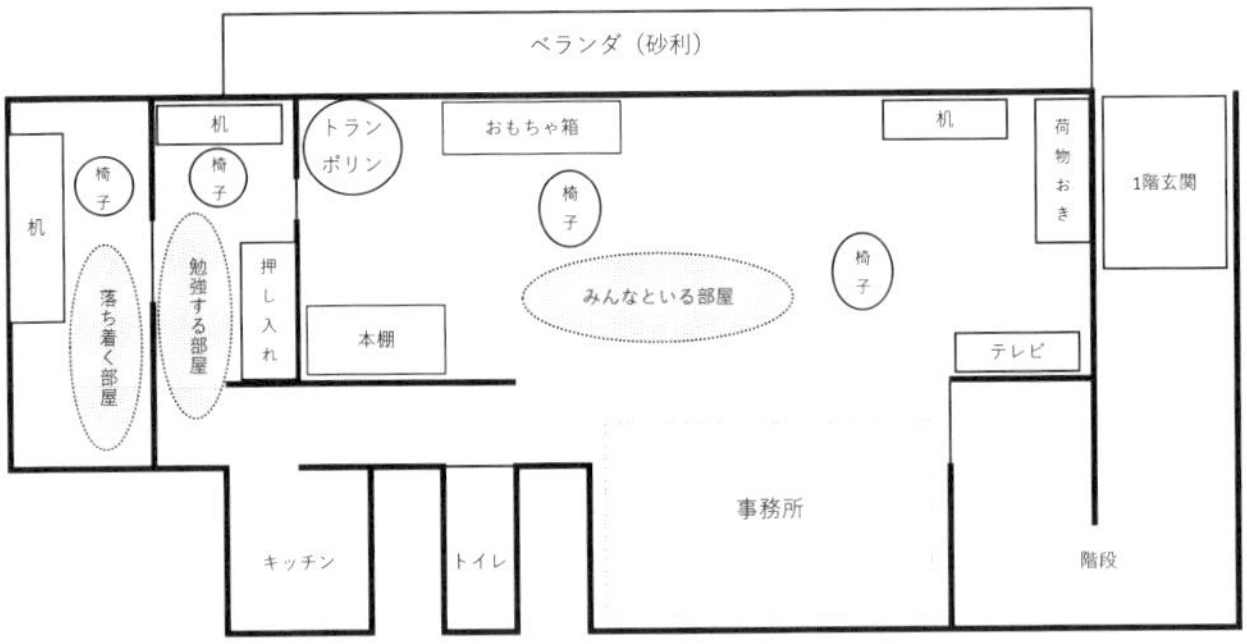

図5・1　タンポポ

活動プログラムが行われ、はじまりの会の際にやり方が書かれたしおりが配られる。

また空間的にも、みんなといる部屋、勉強をする部屋、落ち着く部屋、入ってはいけない場所（事務所）などが区別されている（図5・1）。子どもが集まるときには、座る場所として絨毯が敷かれ、作業をする際には個別の机が用意される。こうした枠づけは、無限定な環境を秩序化することで、安心して活動できる場をつくりだす。しかし同時に枠づけは規範としても機能するがゆえ、音楽や絨毯といったさりげない手段が用いられ、個々人が枠に従わないこともある程度まで許容される。

枠づけることと枠を外すこと、タンポポの支援の論理においてはそのあいだで絶え間ない調整がなされ、これによって一定の自由が可能になるのだと言える。すなわち、空間と時間の枠づけを通して秩序化がなされるとともに、そのうえで自由に活動できる場がつくられる。だからタンポポは必ずしも構造化された目の行き届く空間とはなっていない。そこには雑多さと緩さがある。多様な物があり（キャスターのついた大きめの椅子、ミニテント、トランポリン、乗馬マシンなど)、ときにそれらはけんかやトラブルのもととなる。また子どもたちは往々にして自分たちのやり方で空間と時間を用いる。

例えば、奥にある落ち着くための部屋で子どもが集まって騒ぐことが多く、スタッフが様子を見に行っても拒絶されたり、子どもがつくった回数限定の入場チケットを渡されたりする。複数の部屋を使っておいかけっこやボール投げを行う子もいれば、勉強部屋にある押し入れにこもって独り言をつぶやくのを日課にしている子もいる。もちろん、自分のしたい遊びや勉強ができなくなり、子どもが文句を言う場合もある。

おそらくタンポポは、たんに家庭的なわけでも学校的なわけでもない。両者のあいだで独自の特質を持った場がつくりだされる。さまざまな子どもたちがそれほど広くない空間で共に過ごす。そこで生じる多様なすれ違いや葛藤のもとで、枠づけることと枠を外すことの絶え間ない調整が行われ、かろうじて「待つ」ための場所が形成されるのである。ここでの「待つ」とは、日常的なごくありふれた繰り返しを行うということである。子どもたちはタンポポで料理をし、片付けをし、友達と遊び、あるいは車に乗って外出しお弁当を食べる、そうしたごく当たり前を繰り返す。そして目に見えない形で、それでも何かがひそやかに変わることがある。

例えば小学校中学年の少女Bは最初の内、騒がしい部屋のすみっこでひっそりしていることが多かった。話しかけてもどこか強張った面持ちではにかみ、何も言わないか、質問に対してごく短く答えるだけだった。クッキングの際にもぎこちなく包丁を握り、ためらいながら恐る恐ると材料を切る。しかし「まだやる?」と聞くと、興味はあるのか黙ってうなずく。それが数か月後に彼女はためらうことなく包丁を用い、軽快にソーセージを切っていた。筆者が思わず「うまくなったね」と声をかけると、そばにいたスタッフが「タンポポで料理覚えたね」と言う(ノート:20XX+1年8月16日)。その期間にBの内で何が生じたのかは分からない。とはいえ、Bは多様な子どもたちが騒いだり喧嘩したりするのを眺めるなかで、包丁と距離をとり、それを対象として使用できるようになる。それはおそらく、多様な調整のなかでBのために「待つ」場所がつくられていたからではないだろうか。

これまで見てきたのは、動き回る子どもと動くことのできない親のどうしようもなさから出発して、Aさんが固有の支援の論理が練り上げ、独自の居場所がつくられていくプロセスである。そこでは、個々人は必ずしも自己管理の主体とみなされるわけではない。むしろ、自分ですら把握できず管理できないものといかにつきあっていくかを、「多方向視点」によって共に探ることが重視される。また絶えず調整が行われ、枠づけと枠を外すことが繰り返されるなかで自由の余地が生みだされる。こうして「待つ」ための場所が形成されるのである。とはいえ、このようなタンポポの支援の論理は、つねに同じものであるわけではなく、個々の支援者によって異なる仕方で実現されていく。次にスタッフたちの語りを見ていきたい。

4 世界の繕いとケアの循環——Cさんの語り1

放デイにおいてスタッフは、子どもと直接関わる以外にも幅広い仕事をこなす。請求関係の事務仕事、その日の行程の計画、しおりづくり、工作やクッキングの準備、送迎の運転、片付けや掃除、連絡帳や種々の記録などである。とりわけ子どもがいるあいだは何かしらトラブルが起こることも多く、ひとつの仕事に集中することが難しい。そのうえ子どもと関わる際にも、場面にあわせて複数の役割をこなすことが求められる。タンポポでは「ときに友達であり、ときに頼れる大人であり、ときに教えてくれる先生」というのがモットーのひとつである。とはいえそれは、ロールモデルが不在であることを示している。

こうした点は、東畑開人がE・F・キテイの議論を参照しながら論じているように、非専門的なケア労働という観点から考えることができる。東畑は、居場所としてのデイケアを支えるケアの営みが非専門的な細々とした労働であり、それゆえ見過ごされやすいことを論じている（東畑 2019: 102-119）。放デイの仕事もまた、依存せざるをえない者において発生し続ける多様なニーズに応える営みであり、さまざまなケア労働を含んでいる。それゆえ断片的で非体系的なものとならざるをえない。キテイは詩人A・リッチの言葉を引いて、ケア労働を「世界の繕い」と表現していた（キテイ 2010: 95)。放デイにおける支援とは、PDCAサイクルで管理できるような、明確な始点と終点をもったプロジェクトであるというより、あちこちで綻び断片化する世界を、繕いまとめていく活動なのだと言えよう。

　快活で人懐こいCさんは、こうした支援を遊びのようにこなす人だという印象がある。彼女は障害のある人のヘルパーの仕事を数年した後で、タンポポ立ち上げの頃からパートとして関わっていた。現在は児童発達支援管理責任者（児発管）として働いており、だからパソコンの前で作業をしていることが多い。それでも子どもがやってきたら必ず声をかけるし、子ども同士でのトラブルがあったときも、いの一番に駆けつける。つねに耳を空間に張りだしているかのようだ。Cさんにおいて支援の論理は、綻び続ける世界を繕うとともに、ケアを循環させたり、遊びを促進したりといった形を取る。そしてそのような活動は、特有のつながりの形を生みだしていく。それではCさんの語り（インタビュー：20XX年12月18日）を見ていこう。

　Cさんは、放デイの仕事にはヘルパーとは異なる大変さがあると言う。両者を比較するCさんの言葉は印象的である。

> なんかやっぱヘルパーのほうは、もう自分の世界を持ってはるから、もう大人の人やし。自分っていう、自分の世界を持ってはるから、しゃべったり、ずっとしゃべったりしなくていい。その人も自分の空間があるから。私も自分の…。だからもうそんな、会話をずっととか、遊んでとか、

そういうなのがまずないから。仕事的な面では楽やったと思います。楽やったですね、うん、自分がすることは少ないから。運転と、一緒に病室の横、病室へ呼ばれるの待ってるとかね、うん。

ヘルパーの仕事で出会った大人の人たちは自らの世界を持っており、そばにいることが必要になるものの、基本的には一人でいることができる。これに対してタンポポの子どもたちは、まだ確固とした世界を有しているわけではなく、それゆえ支援者は多様なケアを行うとともに、絶えず相手をし、綻んでいくその世界にまとまりを与えなければならない。

Cさんの語りは精神分析家D・W・ウィニコットの議論と重なる部分がある。ウィニコットによれば、「一人でいる能力」は、自らの内的世界を確保し、一人で楽しむ能力であり、はじめから備わっているわけではない。それは、「誰か他の者がいながらも一人でいるという経験」を経て達成される（ウィニコット 1977: 23／2018: 30）。すなわち最初は、誰かによってケアされ、まとまりを与えられながらも、そのことに気がつかないまま内的世界を形成していく。こうした依存状態から徐々に脱することで、一人でいることが可能となるのである。

とはいえ放デイのスタッフが限られているなかで、必ずしもつねに十分な支援を行うことができるわけではなく、綻び続ける世界を完全に繕うことは難しい。それゆえ子どもたちは苛立ちを処理できず、物にあたったり、スタッフに手をだしたりすることもある。何かの拍子に子どもがパニックに陥って暴れることもしばしばあった▼5。他のスタッフが攻撃されているときにCさんが心掛けているのは、「あいだに入ること」だという。Cさんは言う。

そうやね、でもなんか、うちの場合は、私が今すごい気をつけてんのは、誰かが○○、××ちゃんとかに殴られたり、蹴られたりしてんのは、もう一番に入るようにしてます、あいだに。あいだに入って、あの…。よくディレクターが言ってたんですけど、スタッフのあいだでも、誰か他の人が見ていると思うと、あの、誰か分かってくれてると思うと、そういうな思いが軽減されるけど、誰も、やられてんのを誰も止めてくれない、誰も分かってくれていないと思うと、もうずっと溜まってくる。で、それはディレクターがよく私にやってってくれてたんで。

あいだに入ることとは、相手を直接守るだけでなく、気にかけていることをその人に知らせる方法でもある。それはタンポポの代表であるAさんがCさんにしていたことだという。「だから今それを私が他のスタッフさんにできるように、うん」とCさんは考えている。そのおかげでCさんに攻撃が向くことも多い。けれどもCさんは、たとえ子どもに切られたとしても、「でも、別にそこはそれでいいかなって」と語る。

ウィニコットによれば幼児は、成長のプロセスにおいて、ケアをしてくれる相手や大切な物を不可避に攻撃し破壊しようとする。しかし、ケアする人はそうした攻撃を「生き延びる」必要がある（ウィニコット 2015: 119-130／2005: 115-127）。Cさんは、「あいだに入る」ことで個人が生き延びるだけでなく、タンポポという場それ自体を生き延びさせようとする。そのためにCさんは、かつて自分もしてもらったという記憶とともにケアを循環させていく。それがCさんの支援の論理をなす。

ここに見られるのは、してくれた相手に対して返礼するという互酬的な交換とは異なるつながりの形である。キテイによれば、ケアを相互に交換するのではなく、ケアされたら今度は別の人をケアする、あるいはケアしている人を別の誰かがケアするという形のつながりが存在する。ケアは入れ子状の関係を「巡り巡る」。そこにあるのは、「入り組んだ社会関係」、ないし社会的協働である（キテイ 2010: 156-163）。ケアされる者は依存せざるをえず、それゆえに不可避に多様なつながりをつくりだす。そのようなつながりにおいて、自立した個人たちによる交換的な社会関係とは異なる、不規則で複層的な関係が形成されるのである。

Cさんは子どもたちの世界を繕いながら、自分の世界を繕ってもらい、さらにその記憶をもとに他の人の世界を繕っていく。こうして綻び続ける世界が不規則につながっていく。実際、タンポポでは多様な仕方でケアは循環する。Cさんはつねに子どもだけでなく、スタッフの様子を気にかけ、そのケアを心掛ける。その際、スタッフにとどまらず、子どもに対しても、他の子どもたちをケアしやすいようにケアする。だから子どもも他の子どもを世話する。また終わりの会のときには「きらり賞」という形で世話をしたことがほめられたり、あるいは子ども自身が世話をした他の子をほめたりする。世話をされたことがほめられることもある。さらに子どもがスタッフをケアすることも少なくない。Cさんがあるスタッフを注意しているときに、普段よく手をだす子どもが「○○を怒るな」とあいだに入ることもあった。こうして依存せざるをえない者たちを含んで、ケアは巡り巡っていく。

Cさんにとっての支援は、依存せざるをえないことを前提とし、どうしようもなく綻んでいく世界を繕いながら、ケアを循環させることで、不規則なつながりをつくりだすものであった。だがそれだけではなく、Cさんの支援はしばしば遊びという形を取る。次にこの点を見ていきたい。

5 遊びとコミュニケーション――Cさんの語り2

放デイにはオウム返しをする子もいれば、話をじっと聞いていられない子もいるし、身体的なコミュニケーションを中心とする子もいる。だから多様な仕方でコミュニケーションが展開される。Cさんは子どもにあわせて、接し方や話し方を変えるという。

〇〇ちゃんとかやったら、あの、多くの文をつなげても分からないので、で、何か、違うとこ見ながら言っても伝わらないから、もういったん手を止めて言って、うん、いったん手を止めて、〇〇ちゃん、今何やること？って言ったりとか、言うし、で、××とかは逆に、そうやって、何か、一対一でしゃべろうみたいなんしたら、うっさい黙れみたいになることもあるし、うん。…

でもまあ、とりあえず一番最初は、私は友達になろうと思うので、それは私のやり方として、ですけど。

すぐに気を散らす子には目を見て短い言葉で伝え、一対一が苦手な子にはグループを介して伝え、パニックに陥っている子にはまず気持ちを満たしたり、ドライブに行ったりする。しかし、Cさんのやり方は、「とりあえず一番最初」は、「友達」になることだという。確かにCさんは、優しく見守るというより、冗談を言ったり、からかったり、子どもたちに気安く接する。何よりも彼女はさまざまなやりとりを遊んでいるかのようにこなす。そこにおいて、ケアの循環とはまた異なるつながりの形がつくられていく。

例えばこんなことがあった。小学校低学年のDが「ただいま」と入ってきて、Cさんがパソコンで作業をしながら「お帰り」と応える。その後、Dは大きな椅子にふんぞりかえるように座って『じゃがりこ』を食べながら「タンポポに行く」と繰り返しつぶやいていた。筆者は「ここがタンポポだよ」と話しかけるが、反応しない。そこでCさんがすかさず「Dちゃん、おかえり」と声をかけた。するとDは満足そうに「ただいま」と応えたのである（ノート：20XX＋1年6月14日）。これを遊びと言えるかは分からない。とはいえCさんは、Dがはじめた何かを逃さず捉え、場面を繰り返す遊びのようなものを展開する。こうしてひとつのやりとりが成立する。

基本的にDが遊ぶときは一人である。線路を並べて電車を走らせたり、ミニカーを並べて落としたり、押し入れで独り言をつぶやいたりしている。他の子どもやスタッフが参加しようとすると大抵は「だめ」と言って怒る。それでもしぶとく、Dが遊んでいるおもちゃに触ろうとする子もいる。そういうとき、Cさんは「どうなるかな」と思いながら見ていたりする。つかのま二人での遊びに発展することもあるが、たいていはDが癇癪《かんしゃく》を起こしてしまう▼6。

確かにDは一人遊びをしたり独り言をつぶやいたりすることで自らの世界を形成し、一人でいるように見える。しかしその世界は、思い通りにいかないことがあったり他の子に干渉されたりするだけで、すぐに崩れ去ってしまう脆《もろ》いものである。だからスタッフはいつもDが遊びやすいように環境を整えている。おそらくDはそのことを気に留めていない。それでも彼は少しずつ自分の仕方でつながりをつくりだしていく。

彼はいつも遊びながら「こっちだよ」とか「すごーい」とかつぶやいている。近づくと「D、こっちだよ、こっちだよって言って」と相手に繰り返しを要求することがある。スタッフはしばしば、Dの言ったことを笑いながら繰り返している。人類学者の菅原和孝は、自閉症の息子「ゆっくん」との似たようなやりとりについて論じている。「ゆっくん」は自閉症に特有のオウム返しをするだけでなく、それを相手に求めるという。さらに「ゆっくん」がある言葉を口にすると菅原が決まった文句で答えるという儀式性を帯びたやりとりへと発展していく。菅原によれば、それは、意味を伝えあうコミュニケーションではなく、「ひそやかな〈つながり〉」を形づくる「交感の儀式」である。その根底には、ダンスのように相手に調子をあわせる言語の身振り性がある（菅原 1998: 115-117）。

一方がひそかな目配せをし、他方も意味を保留して応答することで、踊るようなやりとりが成立するのである。

Cさんは、初めの頃に比べればDに「話が入る」ようになったと語っていた。CさんとDは遊びながら交感の儀式を通じて、ひそやかなつながりをつくりだす。そしてその範囲はゆっくりと広がる。あるとき、Dが車のなかで隣に座っていた同じ年ごろの子に、嬉しそうに「××と言って」と自分の言葉の繰り返しを求めているのを目にした。相手の子は本を読みながら、いつもの仕事をこなすとでもいうように応じていた（ノート：20XX＋2年1月20日）。Dは自分なりの仕方でコミュニケーションを行い、つながりを広げていくのである。

Cさんは子どもやスタッフの綻びやすい世界を繕いながら、ケアを循環させたり遊んだりすることで、一人でいることのできない子どもたちによる多様なつながりを促進する。それがCさんの支援の論理となる。そのつながりの形は、確かにどこかちぐはぐとしているのかもしれない。とはいえそれは、自立した諸個人の関係性とは異なる、複層的な関係のあり方を指し示している。

6 子ども目線で考える――Eさんの語り1

タンポポは一見したところ家庭のような場所である。しかし、さほど広くない空間にさまざまな子どもたちがいて、ちぐはぐなつながりをつくりだしていく。そこでは学校とは異なる仕方で何らかの集団性が形成されているのではないだろうか。おそらくそれは、規範や世界を共有するのではなく、共にいることだけを基盤とした集団性である。

こうした点について語るのが、若いスタッフのEさんである。彼は大学院で心理学を学び、発達障害の子どもの療育も経験し、さまざまな子どもの特性に触れてきた。しかし、放デイで多様な子どもたちが一緒にいる様子に「これが現場なんだな」と感じたという。「一人ひとりは見たことあったけど、それが、そういう子たちが、一度同じ場所に集まるとこういう形になるのかっていう」。彼は普段、子どもたちの雑多な集まりに戸惑いながらも、それでも落ち着いた様子で対応する。子どもが甘えるときも機嫌が悪いときも、そのことを気にしないかのように調子を変えない。

インタビューを行ったのは、Eさんがタンポポで働きはじめて半年ほど経った頃のことである。インタビューでは「何か」や「何だろう」という言葉を繰り返し、慎重に語ろうとしていた。子どもと接するときにも、Eさんの考え込む姿を見ることは多い。おそらくEさんは、放デイの奇妙な集団性とつながりの形を前にして迷いながらその場にいる。そこにEさんの支援の論理が立ち上がる。Eさんの語り（インタビュー：20XX+1年9月24日）を見ていこう。

子どもの頃のEさんはしばしば、周りの人間に対して「もうちょいこうしたら」という思いを抱き、例えば悪口を言う友人には不満があるなら「直接言ったらいい」と感じていた。しかし、当時はそのことを口にできなかったという。「こうしたらいい」を相手に伝え、少しずつ改善していく、それはEさんが大学院時代に触れた療育のアプローチとどこか重なる。Eさんは療育のイメージを次のように語る。「プラン立てて、これが終わったらこれ、これが終わったらこれ、これが終わったらこれ、で、最終目標ここって、立ててやってると思うんですけど」。このようにEさんにとっての療育は、個別のニーズから出発し、目標設定を行い、それに向かって「こうしたらいい」を積み上げていくものであった。

だがタンポポのやり方は、必ずしも直線的に進むものではない。確かにタンポポでも何らかの目標は存在する。しかし、Eさんにとってそれは、明確な方向性のもとで積み上げるというのではなく、「こういう方向に向かって、い、いきたいね」といった目印のようなものである。「いきましょうと、いけたらいいいねぐらいのニュアンスの違い」とEさんは言う。タンポポの方針を知ったとき、Eさんは「おーおーおー、そういうの欲しかった欲しかった」と感じたという。そこでは「こうしたらいい」が棚上げされ、進んだり戻ったりといったジグザグ状の歩みのもと、休んだり発散したりすることが重視される。それは個別のニーズを前提とするのではなく、日常的な関係のなかでニーズを共に形づくっていく、そうしたやり方だと言える。ニーズは最初から存在するのではなく、関係の内で絶えず生みだされ、それが徐々に一定の形をなしていくにすぎない[7]。それを待つことが必要なのである。

そのためのEさんの支援の論理のひとつは「子ども目線で考える」ことである。Eさんによれば、「この子にはこれが必要、で、この子は今ここまでできてる、これができてて、これが苦手」というのは子ども目線ではない。Eさんは子ども目線とは何かについて慎重に語る。

> 待ってくださいね。ちょ、えーと、そうーいうことがあった、えーとね、そう…。そう、うん、だから、そう。子どもの立場、子ども目線で考えるっていう意味でいくと、何か、周りの環境も見えるようになった。実際に、み、見てるというか、まあ、その、玄関先とか、学校のその先だけではあるんですけど、環境、周り、包んでる環境の雰囲気とかが見えて。お母さんの、く、口調とか、先生のちょっとの関わり方とか、そういうのを見て、ああ、なんか普段からこう関わっているのかな、ちょっと優しい口調で関わったりとか、先生はちょっと、わがまましてるのをちょくちょく叱りつつのとことか、そういうのがあって（略）。

ここで言われる「子ども目線」とは、たんに子どもの気持ちを考えるだけでなく、むしろ子どもの生活環境から考えることである。先生や保護者と話し、学校や家での様子を覗く内に、子どもの日々の生活が見えるようになる。子どもたちは家庭や学校などのさまざまな環境で多様な人や物と結びついており、それを自らの内に折りたたんで放デイに持ち込んでくる。だから、個々の子どもは決して独立した個人というわけではなく、種々の結びつきに巻き込まれている▼8。そうした結びつきを辿り直し、目の前にいる子どもの表情や振る舞いと重ねあわせることで、はじめて「子ども目線で考える」ことができるのである。

とはいえそれは、複数の子どもたちが集まる場所では容易ではない。Eさんは、放デイでは同時に考えることが多いと繰り返し述べていた。例えば「今日不機嫌そうやな」とか、「前にけんかしたことがある二人が近くにいたり」とか、「みんなが奪いあうおもちゃがあったり」とか、同時に進行していることが多く、あちこちに気を配る必要がある。現場においては個々の子どもの生活環境とともに、その日の気分、子どもたちの関係、その場の状況など、多様な要素やアクターが絡まりあい、錯綜《さくそう》している。Eさんはその錯綜の内に身を置き、できるだけ万遍なく捉えようとする。しかし、誰かがパニックを起こしたときには、そこから身を引きはがすようにして即座に駆け寄っていかなければならない。

個々の子どもは決して一人ではなく、すでに集合であり、現場は無数のアクターで満ちている、というのがEさんの支援の論理である。Eさんは「子ども目線で考える」ことで、それを内側から眺めようとする。おそらくそこに彼が見いだすのがタンポポ固有の集団性であり、つながりの形である。続けてEさんの語りを見ていこう。

7　わちゃわちゃした空間——Eさんの語り2

タンポポに来て学んだことは何かと尋ねると、Eさんは「何なんだろう。これが現場なんだな」

と答えた。「現場」という言葉は「わちゃわちゃした空間」とも言い直される。おそらくそれは、学校のようには集団にならないタンポポの雑然とした様子を表している。Eさんは次のように語る。

何か、ほんとに、何か、それぞれ、そ、それぞれなんだなって思って。何か、何か、学校とかだと、同じクラスだったら集団になるじゃないですか、うんうんうん。このクラス、まあ班、班でもいいですけど、この班はひとまとまりになっちゃうけど、タンポポに来た子たち、来て、まあ一緒に遊んでる子は、それぞれいますけど、何か、やっぱり、集まってって言っても集まらないし、まあそれを良しとしてるので、別に集まらなくてもいいよみたいな感じのスタンスではあるから、まあそれはそうなんですけど。

タンポポでは「それぞれ」で「集まってって言っても集まらない」。とはいえ、タンポポに集団性がないわけではない。Eさんはそれを学校の集団性と対比している。学校の集団性は、先生を中心とした、ある程度まで同じように振る舞おうとする個人によって構成される。「机がね、こう並んでて、前に教卓があって、先生が立ってて、そ、ほんとにちゃんとみんな席について前を向いて先生のほうを向いてる」とEさんは言う。これに対してタンポポにおいては、みんなが同じ方を向いているわけではなく、それでも「うちの車に乗って、ちゃんとすっと乗ってすっと帰ってきて、タンポポのあの空間にいる」、そうした集団性がある。

一緒にいる。一緒にいるんだよな。何か、みんな…何か…何か、適応できないってよくいうけど、学校に、結局通常級に適応できなくって支援級に行ったりとか…、してるけど、でも、あれだけいろんな特性を持った子たちが集まってるなかでは、みんなちゃんと同じ場所にいるっていうのが、何か。（略）何かもう、いるだ、同じ場所にいれてるだけですごいんじゃないかなって思ってて。

確かに子どもたちは同じことをしているわけではなく、規範を共有しているわけでもない。しかし少なくとも、その場所に共にいることを共有している。そしてEさんにとっては、そのことが「すごい」ことなのである。

Eさんは言う。「来てみんなと会って、まあときには一人になりたいときもあるけど、でもタンポのなかで一人になってる。空間からは出てない。まあたまに出るときもあるけど（笑）」。実際、共にいることは、それだけで何らかの関係性に身を置くことでもある。たとえ一人でいたとしても、そこには新たなつながりの余地が生じる。それこそが「わちゃわちゃした空間」を可能にする。わちゃわちゃしているとは、個々の子どもたちだけでなく、それと結びついた無数のアクターたちが絡まりあい、すれ違っているとともに、そこに一定の余地、こう言ってよければ制度のすき間とは別の、動くことのできるすき間がそこに生じるということだろう。それゆえ「わちゃわちゃした空間」は、それでもひとつの居場所なのだと言える。

例えば小学部1年生のFについて、Eさんは次のように述べている。「みんながお世話してくれてたりとか、何かみんなのなかには、はい、みんなのなか、集団の一員として入って、何ていうんだろう、何か、構成員として、いてくれてるーんだな、っていうのは思うんですけど」。Fは何でも舐《な》めたり口に入れたりする。おもちゃや紙、お菓子の空袋など手当たり次第である。知らないあいだに何かを口に入れてくちゃくちゃ噛んでいることもある。そういうとき筆者は慌てて口のなかを確認する。しかしスタッフは意外と悠長に構えている。危ないものを口に入れることはないという信頼があるのかもしれない。確かにFなりに口に入れるものを選んでいるふしはある。

Fは明確な言葉を発することはないが、しばしば叫びながら部屋のなかを走り回っている。独特の走り方をしているときは、「いらいらしているのかもしれない」とスタッフは言う。こうしてスタッフはその身振りにさまざまなものを読み取っていく。子どもたちもまた、自分の物を舐められたりしながらもFを可愛がっている。Fの髪を触るのが好きで、「近すぎるよ」と言われる子もいれば、ごっこ遊びのなかにFが子ども役で入っていることもある。とはいえ彼はすぐにどこかに行ってしまう。それだけでなく普段は騒がしい子が、噛まれるといってFを避け、しばらく慎重に振る舞うようになったこともあった。

このようにスタッフや子どもたちは、自分たちの世界にFを位置づけるとともに、動き回るFにあわせて自らの世界を変更していく。そこでFは、たんに一方的に解釈されているというわけではない。Fは一緒におり、むしろEさんが言うように「いてくれてる」。Eさんはそこに F の意志のようなものを見いだそうとしている。それは関係性の内ではじめて形をなす意志であり、そしてまた新たな関係性の可能性を開く意志である。Fは「構成員」として共にいてあげて、走り回りながら新たなつながりの余地をつくりだしていく。必ずしも調和的なつながりが形成されるわけではない。それでも「共にいること」を共有し、それを基盤として新たな余地が生まれ、そこに「わちゃわちゃした空間」が、動き回ることのできるひとつの居場所として立ち上がるのである。

おわりに

これまで支援者たちのインタビューとフィールドワークから、タンポポにおける支援の論理とつながりの形を検討してきた。Aさんは、動き回る子どもと動くことのできない親のどうしようもなさから出発して、合理性や効率性を度外視するのではなく、むしろぎりぎりの弱い合理性のもとで枠づけることと枠を外すことを絶えず調整しながら待つための場所をつくりだそうとした。それがタンポポの支援の論理の基盤をなす。そうした基盤のもとで個々の支援者たちは、それぞれの仕方で支援を実践していく。Cさんは、子どもたちやスタッフの綻び続ける世界を繕い、ケアを循環させたり遊んだりしながら、多様なつながりを促していく。Eさんは、関係の内でニーズがつくられるのを待ちながら、そのために「子ども目線」で「わちゃわちゃした空間」に身を置く。こうしてタンポポには、どこかぎこちのないつながりの場ができあがっていくのだと言える。

確かに放デイという制度は決して安定したものではない。その意味で、制度のすき間は完全に埋められたわけではない。さまざまな問題が指摘されており、放デイは今後もその姿を変えていくはずである。だからタンポポも同じような場所であり続けるとは限らない。ここで描いてきたのは、ひとつの放デイのつかのまの姿であり、すき間を縫うようにして展開される営みである。しかしそこには固有の支援の論理とつながりの形を見ることができるのではないだろうか。それは葛藤やすれ違いをはらんだ不安定なものである。個別の世界が綻び続けるように、絶えずさまざまなすき間が生じる。それに対して調整し、対応していかなければならない。しかし、そのようなすき間の内から、相互に規範や世界を共有しないまま、それでも「共にいること」が共有され、新たなつながりが生みだされる。そこには、ほんのつかのまであれ、独自の共生のあり方が指し示されているように思われる。

注

1　厚生労働省ＨＰ「統計情報」「４障害福祉サービス等の利用状況について」を参照。https://www.mhlw.go.jp/stf/seisakunitsuite/bunya/hukushi_kaigo/shougaishahukushi/toukei/index.html（２０２１年１月閲覧）。

2　本稿は、ひとつの放デイの事業所を事例として支援の論理を探ることを目指している。筆者は別のところで、放デイの歴史的背景や支援者のインタビューを検討し、支援の主体や居場所のあり方をやや理論的に考察した（渋谷 2021）。本稿と一部重なる部分もあるが、そちらも参照されたい。

3　モルによれば「ケアのロジック」は、ひとつの固定したものであるというより、さまざまな領域や個々の具体的実践の内で異なった仕方で展開されるものである（モル 2020: 191-200）。本稿では、「ケアのロジック」のひとつのヴァリエーションとして、放デイにおける支援の論理を考えていく。

4　本稿で扱うフィールドワークはコロナ禍以前のものであることを断っておきたい。コロナ禍の休校、外出制限、数々の感染予防対策（とりわけマスク）は、放デイにも非常に厳しい状況を課すものであったが、その点はここでは論じることができない。

5　Cさんにインタビューを行った時点では、子どもたちのパニックやスタッフに対する攻撃的な態度は大きな問題のひとつであった。しかしそれも徐々におさまり、20XX＋1年の夏頃にはそれほど問題にならなくなっていた。おそらくその要因のひとつとして、タンポポの体制が安定してきたことがある。

6　とはいえその後、Dは「お気に入り」の何人かの子どもと積極的に遊ぶようになる。

7　三井さよによれば、「個別のニーズ」という考えは、相手をニーズのある人と規定することから出発するものである。そのうえで三井は、「個別のニーズ」を前提とせず関わりからはじめ、そのなかで相手に必要な支援を問いなおしていく「かかわりの視点」を論じている（三井 2011）。

8　モルは、診察室の患者と医師がたんに二人なのではなく、多様な人々と結びついていることを強調している。そこでは個人は無数のアクターのネットワークの内に存在し、集団が個人に折り込まれ、また具体的な実践の内で集団から個人への移行がなされる（モル 2020: 134-141）。

文献

ウィニコット、D. W. 著　牛島定信訳（1977）『情緒発達の精神分析理論』岩崎学術出版社（Winnicott, D. W. 2018（1965）*The Maturational Processes and the Facilitating Environment*, Routledge）
ウィニコット、D. W. 著　橋本雅雄・大矢泰士訳（2015）『改訳　遊ぶことと現実』岩崎学術出版社（Winnicott,

D. W. 2005 (1971) *Playing and Reality*, *Milton Park*, Routledge Classics)
キテイ、E. F. 著　岡野八代・牟田和恵監訳（2010）『愛の労働あるいは依存とケアの正義論』白澤社発行、現代書館発売
厚生労働省（2015）「放課後等デイサービスガイドライン」
渋谷亮（2021）「支援する主体と雑多な居場所――放課後等デイサービスにおける支援とケア」『龍谷教育学会紀要』vol.20、55～73頁
菅原和孝（1998）「反響と反復――長い時間のなかのコミュニケーション」秦野悦子・やまだようこ編『コミュニケーションという謎（発達と障害を探る）』ミネルヴァ書房、99～125頁
東畑開人（2019）『居るのはつらいよ――ケアとセラピーについての覚書』医学書院
三井さよ（2011）「かかわりのなかにある支援――『個別ニーズ』という視点を超えて」『支援 vol.1』生活書院、6～43頁
三好正彦（2016）「学童保育、放課後デイサービスに見る障害児の放課後」『福祉労働』150号、現代書館、42～49頁
モル、A. 著　田口陽子・浜田明範訳（2020）『ケアのロジック――選択は患者のためになるか』水声社

第6章

個別と集団に橋を架ける
——児童養護施設の混乱と言葉の回復

久保 樹里

はじめに——社会的養護の変遷

家族から離れて施設や里親などの社会的養護のもとで育つ子どもは全国で約4万5000人。子どもたちが社会的養護で暮らす理由には社会状況が大きく影響している。戦後は戦争孤児や浮浪児など親の死亡を理由としたものが大半であった。高度経済成長の時代は繁栄の裏面として、借金や経済苦での相談や親の行方不明が増えた。そして1990年以降は、児童虐待が主たる理由となっている。

時代を経て、施設に求められる機能も変化してきた。大量の子どもたちを受け入れる大規模な施設から少しでも家庭生活に近づけるために施設の小規模化▼1が進められてきた。そして、2017

年夏に厚生労働省から出された「新しい社会的養育ビジョン」▼2は、施設養護から里親などの家庭養護へと大転換を求め、急速に里親への委託を増やす取り組みが進んでいる。そして、施設に対しては、施設の小規模化・地域分散化に加え、高度なケアニーズに迅速で専門的に対応をするという高機能化と地域支援事業や里親支援機関事業等を行うという多様化も求められている。社会的養護は大転換期を迎えており、2010年3月末に11・1%であった里親委託率は2020年3月には20・1%まで伸びているが、今も社会的養護を必要とする子どもの大半は施設で生活しており、その中でも児童養護施設には最も多い約2万5000人の子どもたちが措置されている▼3。

1

児童養護施設の崩壊——集団と個別のはざまに落ちる子どもたち

本章の舞台となるのは児童養護施設の入舟寮である。入舟寮は大阪市の湾岸部に位置し、1949年に港で船上生活をする家族の子どもを預かるために設立された定員100名の大舎制▼4の施設である。子どもたちは男女、年齢別に4つの寮に分かれて生活している。2019年に施設の近くに一軒家を購入して地域小規模と言われるグループホームを開設し、段階的に施設内のユニット化と地域小規模化が進められている。

入舟寮は、かつて数年の間、子どもの暴言・暴力・問題行動などの荒れが施設全体に広がり、施設の崩壊につながる状況に陥った。荒れは中学生の男子から始まり男子寮全体へ。そして、それが中高生の女子寮へも飛び火し、施設全体に影響が及び、子どもの措置変更と職員の離職が相次ぐこととなった。

施設において、子どもが荒れることは特に珍しいことではない。筆者が児童相談所（以下、児相）で児童福祉司として勤務していた間も施設で子どもが荒れることはしばしばあった。施設での生活に不満を抱いた子どもが起こす暴力などの不適応行動に対し、措置機関である児相の担当者は施設から状況を聞き、その子どもと面接を行ったり、施設との間を調整したりする。継続的に子どもと施設職員に児相に通所してもらったり、児相の担当者が施設に通って子どもと面接を続けることもある。

また、児相の一時保護所でしばらく子どもを預かるということもある。日常の生活の場から離れていったんクールダウンをし、その間に児相の担当者が話をしたり、施設職員とのやりとりを重ねて調整をした後に施設での生活に戻す。しかし、中には元の施設で暮らすことが難しくなり、別の施設へ措置変更にいたる場合もある。施設は、集団での生活という点で空間的にも養育にあたる大人との関係も生活の時間の流れも家庭とは異なる環境である。しかし、子どもたちにとっては家である。元の家族から離れ、再び家である施設を出されるという二重の見捨てられ体験が子どもに与える影響は深刻である。

筆者はかつて、一時保護中の子どもに「もう今までの施設では生活できない。これからは別の施設に移ることになる」と告げたときのその子どもの茫然《ぼうぜん》とした目とその後の号泣した姿を忘れることができない。その経験から、このような措置変更をなんとか防ぎたいという思いをもっていた。

2016年、筆者のもとに入舟寮の施設長から施設の立て直しに力を貸してほしいという依頼が入った。児相を退職していた筆者は、かつての思いを実現すべく、入舟寮のアドバイザーを引き受けた。こうして、定期的に入舟寮に通うようになって4年余りが過ぎた。今回、改めて入舟寮が施設崩壊にいたった流れとそこからの立て直しの経過を、職員たちと振り返った。その対話会の語りから施設現場のリアルを描いていきたい。

施設に荒れが充満していたこの時期のことを入舟寮の職員は「子どもとの関係性の崩壊の時期」と呼んでいる。その時期のことを主任保育士のAさんは次のように語ってくれた。

2010～2011年くらいから、中学生の男の子たちがいろんな問題行動を起こすようになって。その状態が継続して、問題の根本は何も解決されないまま問題行動がどんどん集団化していって。2013年とか2014年頃はひどい状態でした。この壁、今はきれいですけど、当時は大きな穴があけられていて。施設内のあちこちが同じような状態で。子どもが感情を爆発させて暴れることが日常になっていて、物にあたったり、物を投げたり、ガラスも割られたりと、常にいろんなところが壊されている状態でした…子どもから職員に対しての暴力や暴言もすごくって、セロテープ台を投げつけられて、骨折した職員もいました。施設を飛び出す子もたくさんいて、毎日追いかけまくっていましたね。万引きや自転車盗もしょっちゅうで、そのたびに謝りに行って。最後のほうは中学生が盗んだバイクを乗り回すことまで起こっていました。朝はほとんどの子が起きなくて、中学生の半分くらいは不登校状態。午前中いっぱいかけて、子どもたちを起こして、学校にやっと行かせたと思ったら、すぐに学校から連絡が入ってきて。子どもが暴れて教師に暴力を振るっているから迎えに来てくれと言われる始末で。警察からも連絡が入ってきて、子どもの身柄受けをしに行く毎日でした。

まさに施設が大きく荒れている状況である。長い歴史をもち、ベテラン職員も多くいたはずの入舟寮がどうしてこのような状態になったのだろうか。

筆者が入舟寮に通うようになった当初の説明では、施設の個別化を無理に進めたことが施設内の混乱を招いたということだった。今回、もう少し突っ込んで当時の状況を聞いてみると、多数の要因が絡み合っていたことがわかってきた。

2010年に施設長が代わって、これまでの施設の運営方針が次第に変わっていったのだと言う。大きな方針変更としては、

①個別化対応を進めるために施設内のスポーツ活動等の集団行事をなくし、個々の子どもに対応

をしていく。

②職員が経験を積むために、さまざまな寮を担当する

③子どもたちが施設の規則に3回違反した場合は、施設から出るという「安全ルール」を設定し、子どもたちの安定を図る。

④職員ファーストで職員を大事にするために、残業を減らす。集団行事やスポーツ活動を中止し、職員の負担を減らすことで子どもに対応する時間を作る。

では、それぞれの方針変更は現場にどのような影響を与えたのだろうか。

①の個別化対応について、主任児童指導員のBさんは当時を振り返った。

これからは小規模化・個別化でいく。子どもに対しては個別に関わるので、集団での行事はやらないとなって。うちは大舎制なのでこれまではスポーツ活動や文化活動を取り入れて、子どもらがお互いに高められるようにやってきて。春からグループワークとして夏のキャンプに行くまでの流れをみんなでつくって、そのあとは10月の海の子まつり。その次はクリスマス会に向けてみんなで取り組んで、それと並行してスポーツ活動に年間を通して取り組むというのが1年の流れで。それが急に、全部なくすことになって。でも、職員のほうは個別化と言われても漠然としかわからなくて。十分に対応できる職員数もおらへんし、子どもはやることがなくなって暇になっ

てしまい…。大人は関わってくれへん、振り向いてくれへんとなって。最後は、大人に反抗して、問題を起こさないと大人としゃべられへんやん。それで、おとなしくしている子はほったらかしという状況になってしまったんです。

中高学年女子寮のリーダーの保育士Cさんは、

ベテランの主任2人が現場を離れて、事務部門に異動してしまって、現場の支援方針に一貫性がなくなってしまい…職員一人ひとりの感覚で（子どもに）対応していたなあと。子どもの同じ行動に対して、叱る場合と受け入れる場合と職員によってバラバラで。

と当時の状況を語った。すると、それを聞いた指導員のBさんは、

みんなそれぞれの養育観があって。結局、勝手な養育観を持ち出して、子どもとやりとりを始めてしまって。だんだん大人同士の関係も悪くなって。子どもに対しても他の職員の悪口を言ったり。するとそれを聞いた子どもがそれを使って大人の関係をひっかきまわして。もう、現場がむちゃくちゃになっていったんです。

と現場の混乱状況を話してくれた。

家庭生活に少しでも近づけようとする個別化は一人ひとりの子どもを大切にするためのものであったはずである。それが個別化の中身について熟考することなく、「集団で行っていたことをやめる」ということだと解釈されたことから、これまでの行事や活動が消え、子どもたちはエネルギーを発散する場所がなくなった。それに対し、職員のほうは個別に子どもに対応するだけの人数はいないうえに、それまで現場の柱であったベテランの主任の不在が重なった。個別化についての支援方針も具体的な方策がないままに、子どもは問題を起こして職員の気をひく、職員のほうは、それぞれの養育観で対応する、こうして、悪循環が繰り返され、より施設の混乱が拡大していった。

②の職員の担当寮の変更の影響を、Bさんはこのように語る。

それまでは、職員の担当寮をあまり変更しない方針できたんです。できるだけ子どもたちの担当を変えずに向き合っていくという方針だったんですけど。（職員は）いろいろなことを体験しないといけないとなって。例えば小学生の低学年の担当が高学年の女子寮へ変わったり、高学年女子寮担当だったのが男子寮の担当になったりと。そうすると、子どもと職員の関係がぐちゃぐちゃになって。それに伴って、子どもら自身もどんどんぐちゃぐちゃになってしまったと感じているんです。

津崎は、施設に入る子どもたちについて「分離の大きなショックと見捨てられ感情、それまでの不安定な養育環境を様々な形で背負っている」と言う。そして施設の特徴として、「一日のスパンにおいても子どもの成長のプロセスにおいても多くの職員が入れ替わる可能性が高いため、特定化した愛着対象、成長の一貫したよりどころの確保が難しいこと」や「常に集団状況にあるため愛情の独占欲求に応えることが難しい」（津崎 2015）などの特徴をあげている。担当職員の頻繁な変更は、もともと、関係性の土台をつくりづらい構造である施設の中で、さらに子どもと大人とのつながりを脆弱《ぜいじゃく》にしてしまったと言える。

③の「安全のルール」が及ぼした影響について、Bさんはこのように語ってくれた。

このルールで問題行動を抑えようということになって。ところが子どもたちのほうは、1回、ルールを破ったら、「もうええわ」ってなってしまって。こちらが、「いや、まだ1回やんか」って言っても、「そんなん。今、俺、中1であと（退所までに）6年間あるのに、あと2回しかルール破らへんなんて、でけへんからもういいねん」って言って。それで、ますます荒れることになってしまって。

〜〜〜〜〜〜〜〜〜〜〜〜〜〜〜〜〜〜〜〜〜〜

ルールを設けること自体が問題ではない。では、この彼はどうしてこのような行動をとるのだろうか？　施設の子どもたちの約6割は虐待の影響を受けている。野坂[5]は、「安心や安全が守られていない環境である逆境状況を幼少時に体験する子どもに生じる発達性トラウマや関係性トラウマが、子どもの自己や他者、世界に対する捉え方を大きく歪ませる」(野坂 2019)と述べている。小児期の逆境体験は虐待以外にも養育者の精神疾患、拘禁なども含まれており、施設で暮らす大半の子どもの入所理由が逆境体験の範疇にあると考えられる。

前記のBさんの語りからは、このような子どもたちにとって、現在と将来を結び付けて今の行動をコントロールすることの難しさがあり、見捨てられるなら自分から見捨てるという考え方につながっていくことがわかる。ルールがストッパーとして機能しないどころか、問題行動を促進していったとも言える。

こうして、当初、中学生の一部の男子から始まった荒れは男子寮の全体に及んでいく。Aさんは当時の子どもたちの様子を思い出し、苦しそうな顔で語ってくれた。

子どももありとあらゆる出し方をしてきて。でも、当時の施設の方針としては子どもの他害行為、自傷行為、性問題は受け入れないという考え方は変わらずで、施設で面倒をみきれない子はまわりの子を守るために措置変更もしくは強引な家庭引き取りを進めることになって。現場は子どもをみたい、施設に残したいと思っても言い出せなくて。児相に一時保護を頼んで、その後、施設に戻すこともできずに、措置変更に何人も出すことになって…。それを他の子どもらが見ていて、ああ、失敗したら、もうここには戻れないんやとなって。その後は、何か問題について、子どもらと話し合いをしようとしても集まりもしないし、集まったところでみんな背を向けてしまって、聞く耳をもたないというか、耳をふさいでしまっていました。職員に返ってくるのは反発と挑発ばかりという状態がずっと続いて。もう大人と子どもの関係はぐちゃぐちゃで。大人のことは信用できないという子どもらができあがってしまって。結局2年間で6～7人の子どもたちが措置変更や無理な家庭引き取りで施設から出すことになってしまったんです。

こうして、施設の荒れは、子どもと大人の関係を壊しただけでなく、子ども同士の関係においても年上の子どもが年下の子どもを支配するような構造ができて、施設内に安全・安心がない状況となっていった。

④の職員ファーストでの残業削減は職員の関係性に亀裂を生じさせた。Aさんは続けた。

荒れた状態で、子どもが問題を起こしていても残業はだめだから帰りますという職員もいるし。残業をすると怒られるし。でも、子どもはほっておけない。こんな状況で職員がいっぱい辞めて。現場は日々人手不足で。毎日のようにほぼ寝ていない状況で深夜まで対応に追われる。でも公には残業はだめなので、無断外泊している子を勤務が終わってから夜中に探しに行くんです。まわりにうそをついて。

Bさんも職員側の混乱を語った。

とにかく大人のほうも失敗してはいけないってなって、不安が強くなった。トラブルを起こすと非常に多くの報告書を求められる。それが嫌でトラブルを隠そうという職員も出てきた、それが新たな問題の芽になったんです。

このように見ていくと悪循環は、さまざまなところに広がり、深刻化していったことがわかる。ここまでの状況に陥る前に方針変更はできなかったのだろうか？ そこには組織がもつ課題が見えてくる。

変更された方針だけを見ると、①の個別化は国が示しているものであり、③の施設が安全・安心の場であることは当然のことである。そして、④についても働き方改革が言われる中で残業を減らすことは望ましいことである。「個別化」「安全ルール」「職員ファースト」はどれも子どもによりよいケアを提供するための方法として設定されたはずである。言葉だけを取り上げれば、問題はない。しかし、ここで、方法の方が目的化していく「方法の自己目的化」（西條 2011）▼6が起こっていたことがわかる。「方法の自己目的化」とは、方法に従うことにエネルギーが取られ、本来の目的がどこかに行ってしまう状態である。西條はこの「方法の自己目的化」について、「厄介なのは、方法が機能的であればあるほど、方法の呪いというべき失敗の構造に引き込まれてしまう」と述べている。

Bさんは、まさしくこの呪いの中で、大切なものは何なのかが職員の中で混乱し、統一感が失われていく状況について語ってくれた。

もともと入舟寮に就職したころから、何があっても子どもは見放さないという基本的な施設の姿勢と気持ちの部分がずっとあって。だから大変なこともいろいろあって。施設長が変わって、この考え方は否定されて。職員のほうも国が個別化っていうからそうやなあ。無理な子は無理。職員ファーストはありがたいとなって、だんだん考えられなくなっていって…。

西條は、この呪いに巻き込まれないためには、(1)特定の状況や現実的制約のもとで、(2)特定の目的を達成するための手段であるという「方法の原理」を忘れてはいけないと述べる(西條2011)。

現施設長Dさんは、

個別化が悪いのではない。入舟寮の建物構造や職員配置を考えても、いきなり集団活動を止めて、個別中心の支援は無理だった。大舎の中で子どもらがいきいきと生活できるための工夫がスポーツや行事だった。それまでのみんなで話し合って、運動が得意な子はスポーツで、絵や音楽が上手な子はクリスマス会とかで自分を高めていく、それを職員が応援するというのは個別化に反するものではなかったと思う。

と話す。先の「方法の原理」から考えると、集団の行事をやめることが子どもによりよいケアを提供するという目的と合致しないことがわかる。このように、それぞれの言葉の意味するところを議論することなく、言葉の本質が何かを明らかにしないままに進めていったことも、ここまでの深刻な荒れを招いた1つの要因と考えられる。そのときの施設は、言葉が機能しなくなっていた。

Aさん：当時、朝、出勤する車の中で動けなくなることがありました。車を止めて。行かなくてはいけないんだけど、動けない。やっと施設に着いたと思ったら、1日中トラブル対応で…目の前のことで必死で、大人も追い詰められたというか。何も考えられない中で自動的に動いていたというか…。

その語りからは、当時のAさんは極限状態でバーンアウト直前であったことがわかる。こうして、入舟寮は職員にも安全・安心がなくなっていたことがわかる。

2　一からの立て直し――子どもと大人の信頼感の再構築

その後、2015年4月に入舟寮で長く児童支援の経験を積んできた現施設長が施設長に就任する。別セクションから戻って、施設長になったDさんはその当時のことをこのように話す。

施設を立て直すために、まず根本的に子どもとの関係性をつくりなおそう、信頼関係が一番だと思って、すべてのことをそれにシフトし直したんです。絶対に子どもらを見捨てない姿勢でいくって、職員全員がそこから始めるんやって。

新施設長として、Dさんは、子どもたちに向き合って話をした。

施設長就任のあいさつで、こんな施設になってしまったことを子どもに謝ったんです。そのとき、明確に言ったのは、今までは大人にも子どもにも失敗は許されないという状況だった。これからは失敗してもやり直すチャンスがあって、失敗しても取り戻すことができるとね。でも、話をしていても、子どもらはなんやそれって感じで、疑いの目でね、反応は悪かったですね。

大荒れをしていた子どもたちは措置変更で別の施設に移り、表面的には施設内の暴力などは減ってきていたが、子どもの大人への不信感はそう簡単に消えるものではない。

Dさん：あれ、変わったなって思えたのは、その後、ある中学生の男子が問題を起こして、指導員のEさんと話をしているときに、その子が興奮してきて、止めようとしたEの鼻にね、その子の腕が当たって、Eの鼻柱が折れ曲がるような怪我になったんです。おおごとです。前やったら有無を言わせずに一時保護してもらって、措置変更。その男の子はもう自分は、ここから出されるんやって思っていたし、まわりの子どもらもそう思っていた。でもそのときの状況を聞くと、その子もわざとやったんではないし、Eのほうも自分が油断してましたって言って。それからEとその子ともかなり話をして、その子がEに謝って。それで、この子は入舟寮から出さないって施設長として判断したんです。それって、子どもらからすると、えっ、出されへんのかって。それで先生らが言っている話は本当なんやってわかったみたいで。そのあたりから、子どもらの雰囲気が変わってきたんです。

では、具体的にどのように入舟寮を立て直すのかについて、以下の3点を主とする養育方針がたてられた。

①失敗をリカバリーする力を育てる支援
②グループ活動を大切にした支援
②子どもとの関係性を重視した養育

Aさんと Bさんは、それまでの寮のリーダーから全体をまとめる主任となった。養育方針変更後の変化をCさんは次のように語る。

方針が明確になったので、何か子どもが失敗したり、問題起こしたとしても、ああそうやわ、この後リカバリーするにはどうしたらいいのかを伝えたらいいんやってなった。今までは、なんでこんなことをしたのって叱ることをずっとやってきた。でも、誰でも失敗はするんやでって。みんなにわかってもらって、取り返す方法を私も一緒に考えていくからって、それを子どもたちに伝えていったらいいんだと。職員の迷いがなくなり、子どもらと話をするのがやりやすくなったんです。それまでは、私らはこう思っているけどと言っても、上からは、ルールだからだめだとパチンと切られていたので…。

子どもだけではなく、支援側である大人側の安心感が非常に大事なことがわかる。Aさんは、この養育方針に込めた思いを話してくれた。

できるだけ子どもの願いや望みに応えることを最優先にしようと。でも、できないこともあるし、また子どもがやるべきこともある。それをはっきりと伝えていくようにしようとなって。一度、壊れてしまった大人と子どもの信頼関係を作りなおす努力をすると。それから、地域のサッカークラブとか習い事とか施設の外にも子どもたちが活動できる場を作ろうってなっていったんです。入舟寮の職員がそれまでも地域の子ども会の活動に参加して、活発に活動しているのもあって、地域の受け入れもよくなっていったんです。

施設の中を立て直すのと同時に、外に対して施設を開いていったことがわかる。加えて、荒れの時代に他施設に措置変更をした子どもを再び、入舟寮に戻すことも行われた。その当時に措置解除退所になった子どもたちにもAさんとBさんが連絡をとって、子どもたちとの関係を再構築していった。

Aさん：そのとき、入舟寮から出してしまった子どもらが施設に来てくれて、その子らと話をする中で、僕らも謝るんですけど、その子らも施設や僕らを憎んでいるんじゃなくて、あの頃、なんであんなに暴れたのかわからへん、ただなんとかしてほしかった、自分を見てほしかった、気にしてほしかったと語ってくれたんです。

Dさん：小さい頃からここで一緒にやってきた積み重ねってあるんやなあって。ここの施設であれだけつらい思いをさせたのに、自分から来てくれて、小さい頃の良かった思い出とかを話してくれて。こうやって、ほとんどの子と関係を修復できたのがほんまにうれしい。

このように現場では、大きな方針転換が進められていった。職員に新しい養育方針を浸透させ、考え方の統一を図るための工夫として、施設長就任の翌年から会議はホワイトボードミーティングの手法を用いて視覚化し、わかりやすくした。そして、各寮のリーダーがファシリテーターの研修を受講し、ファシリテート力を上げ、寮ごとの会議において、ファシリテーターは他の寮のリーダーが担うことによって、お互いの寮についての理解が進みだした。

こうして一からの再出発から、約1年が過ぎた頃、筆者が講師を務めた施設職員対象の研修の中で「安心感の輪」子育てプログラム▼7を紹介した。このプログラムに関心をもった施設長のDさんから新しい養育方針を実現していくために、このプログラムを入舟寮に取り入れたいという相談を受けた。職員が共通言語で話せる養育の基盤として、アタッチメントを理解することが大切だと感じたという。

3 アタッチメントの理解を養育の基盤に

アタッチメントとは、子どもが危機感や不安や恐れを感じるとき、養育者にくっつくことで、安全と安心を得ようとする本能的な欲求である。この欲求は生涯にわたるものであり、赤ちゃんや幼児だけでなく、大人になっても存在するものである。特に小さい子どもは自分では不安や怖れを解決することができないため、養育者の存在はより重要である。子どもにとっての養育者とは、血縁関係とは無関係に、普段から養育に責任をもち、自分の世話をしてくれる人のことであり、施設で子どもの養育にあたる職員はまさしく養育者である。子どもは自分の出すアタッチメント欲求に応えてもらうことで、安全と安心を高めることに加えて、自分は他者から受け入れられていると感じることもでき、基本的な信頼感を獲得していく。アタッチメントは人間関係の基礎を作り出すものと言える。

アタッチメントは虐待の影響という点でも注目をされている。虐待状況では、守ってくれるはずの養育者が自分を傷つける存在となるため、子どもはどうしていいかわからずフリーズしてしまう。恐れの調整機能であるアタッチメントを虐待状況は阻害してしまうのである。施設で暮らす子どもたちの多くがアタッチメントの問題を抱えていると言える。そのため、施設職員がアタッチメントの知識をもち、子どもの行動を観察し、子どもの欲求を理解して、対応することには大きな意味がある。

米国で開発された「安心感の輪」子育てプログラム（以下、プログラム）は、アタッチメント研究の知見に基づいて、養育者を対象に、子どものアタッチメント欲求への理解と応答性を高めることを目指している8回のプログラムである。不安や怖れを感じるアタッチメント行動を察して受け止める養育者を「安全な避難場所」として、そこで安心を感じられると子どもは遊んだり、学習したりという「探索行動」が盛んになってくる。このときにも養育者が「安心の基地」として見守ることで養育者のもとを離れて探索行動に出ていくことができるのである。そして、養育者の態度が厳しすぎる場合も弱すぎる場合も子どもにとっては不安を感じるものであり、危険な状況では養育者が毅然とした態度をとることも重要である。

このプログラムでは、ファシリテーターの進行のもと、さまざまな親子の映像資料を見ながら子どもの行動がアタッチメント行動なのか、探索行動なのか、子どもはどんな欲求をもっているのかを考えていく。同時に、養育者自身が子どもとの関係で生じる思いや自らの経験を話し合う。例えば、子どもが大人を求める欲求に対して、養育者が反応して、不安になったり、いら立ちを覚えるような反応について、そのときの状況を振り返り、内省を深めていくのである。

施設長のDさんからの依頼を受け、入舟寮にプログラムを導入するにあたり、筆者は施設全員がこのプログラムを受けられるようにしてほしいこと、そのためにファシリテーターを担える職員を施設内でも養成してほしいことなどいくつかの希望を出し、施設長の同意を得た。以後はAさん、Bさんという2人の主任がファシリテーター養成講座を受講し、ファシリテーターとしてプログラムを進める役割とともに、現場の職員と筆者の間の調整役を担ってくれることとなった。

このプログラムを導入することになったときの思いをBさんはこう語る。

施設長が新しもの好きなので、今度は何なのかと思っていた。（ファシリテーターの養成講座の）4日間、講座で聞いたことについてAさんといっぱい話をした。ああ、あのときのあの子の行動は実はこういうことだったのかって、アタッチメントの視点で見ると子どもたちの行動がなんだったのか、納得できることがいっぱいあった。

一方、Aさんは、

立て直しのために作り替えた養育方針をもっと具体的に現場に落とし込むために何かもっと必要だと思っていて、そのときは藁《わら》にもすがる気持ちでした。男子寮は落ち着いてきたけれど、基盤をしっかりしないとまた前みたいなことが起こるのではと心配もあって。じゃあ、ここから先、次をどうするかが、うまくいかなくて…。そんなときにこのプログラムの講座を受けて、これはまさにうちの養育の考え方に合致することに気づいて、うちの施設の養育の基盤にしたいとそのときに思ったんです。これは、やり方ではなくて、子どもたちの欲求はなにかとか気持ちはどうかとか子どもを見る視点を与えてくれるものなので、これを子どもとの信頼関係の回復のための見取り図にしたいと思ったんです。

と話してくれた。このプログラム導入を意欲的に進めていこうとしてくれている主任2人と打ち合わせを重ね、寮単位でプログラムを受講できる体制を作っていった。

プログラムを導入する前に、筆者が施設の全体研修で職員全体にこれからの進め方を説明した。次に各寮のリーダーから成るグループにプログラムを実施し、その後、寮単位で2つの寮に対して同時並行でプログラムを実施することになった。ファシリテーターは筆者と主任2名が担当し、2〜3週間おきに1回2時間程度のプログラムのための時間を作った。こうして2016年9月からグループでのプログラム受講を開始した。

プログラム開始前と終了時など節目の時期に寮ごとに対話会を開催し、プログラム受講が養育現場にどのような影響を与えているのか、修正する点はないかなどについてチェックするようにした。

こうして寮単位のグループでプログラム受講が進む中で、さまざまな気づきが生まれた。その気づきについて他の職員はどう感じたかをまたグループで話し合うという流れが次第に起こってきた。そのうちのいくつかを紹介する。

施設で暮らす子どもたちの多くは虐待や放任、養育者が次々と変わる生活など何らかのアタッチメントの問題をもつ。それは子どもたちの責任ではなく、それまでの養育環境にある。子どもにとって養育者である職員が子どもの気持ちに寄り添ってくれることで子どもたちは自分の気持ちに気づくことができる。

幼児寮グループでの語り

乳児院から措置変更でここに来た2人の子ども。1人はワーって泣いてて。でももう1人の子は気持ちを出しにくい子で、ずっとみてくれていた乳児院の先生がバイバイってしても、泣けない。ああ、この子は気持ちを出せないんだなって気づいて。それで、あとで乳児院からもってきた荷物をかばんから出しながら、その子にいろいろ話をして、つらいねえって。するとその子が途中でウワアーって泣きだした。泣いていいんやで。いいねんでって。そのとき、自分がすっとその子に気持ちについての話かけができたことに気づいたんです。

本当の気持ちを出せない子の行動は理解しづらい。問題行動とみなされたり、一見、大人の気を引こうとしているように見える子どもの行動は実は大人とのつながり・安心感を求めていることが理解できると職員の対応が変わってくる語りが出てくる。

小学生グループでの語り

小3の女の子。教科書をびりびりってやっちゃって。破ったことには怒りたかったが、その前に気持ちをゆっくり聞いていくと、その子から学校でこんなことがあったんだって話してくれて。するとああ、本当の気持ちって出せないんやなあって。だから破いたんやなあって。そこから、子どもの表面的な行動ではなくって、この子にどんな欲求があるんだろうって考えるようになってきました。

中高生女子寮グループでの語り

万引きが続く子がいて、人の物は自分の物みたいに言う子で、結局は（万引きが）見つかって、お店に謝りに行くことになるんです。お母さんにも来てもらって話をして…。そこから、その子によくよく話を聞いていくと、お母さんとの関係が悪いことがしんどくて、どうしていいかわからなくて、物でしか気持ちを埋められないって。それで、そのことをお母さんに伝えてみようということになって。話してみたら、すごく怒っていたお母さんもそういうことかって。お母さんも泣いてくれて。あかんことやったけど、万引きをしたいわけじゃなくて、満たされない気持ちを埋められなかったんだと。やり方は間違っていたけど、ほしかったのは物ではなく、お母さんの気持ちだって、そのときにみんながわかったんです。

4 第二波の荒れの中で——年長児童の変化

施設の立て直しは順調に進んだわけではない。筆者が中高生の女子寮の職員へのプログラムのファシリテーターを務めることになった2016年の秋頃、荒れの第二波が来ていた。男子寮が落ち着きを取り戻す中で、女子寮が落ち着かず、一部の子どもの無断外出・外泊が続いており、職員が子どもを追いかけて探す日々が続いていた。同時に別の子どもたちの不登校状態や学校への行き渋りの問題も出ていた。

そのため、中高生の女子寮グループの職員たちは、プログラムを開始してからの数回は緊張感が非常に高く、中高生児にアタッチメントが役に立つのだろうかという疑問の声も多く聞かれた。あとになってから、学校に行っていない子が部屋に残っているため、プログラムの時間は他の寮の職員に対応を頼むということについても後ろめたさを感じていたという話も聞いた。

回を追う中で、中高生児でも安心感の輪の動きが見られたという語りが出るようになってきた。そして、職員たちの対応も、子どもの問題行動や暴言に対して叱りつけるか、もしくはおびえるのかではなく、子どもたちとじっくり向き合う姿勢が見えだしてきた。

中高生女子寮グループでの語り

学校が終わったと思ったら、どこにも行かず、クラブもせずにすぐに帰ってくるんです。それでずっと職員を相手に文句を言い続ける。これ、なんなの？ と思ったんですけど、ああ、外に出て行くだけの安心感がないんだなってわかってからは楽になって。

（子どもが職員に）「うっとおしい　あっちいけ」って言うけど、こちらが近寄っていったら、嫌がらない。本当は話を聞いてほしいんやなってわかって、結構、最近は果敢に行くようになっています。自信をもっていけるという感じ。

職員に対して、子どもらは暴言は吐くけど、職員のこと嫌ではないんやなってわかるから、話をするとだんだんトーンダウンしていって、本当は話したかったってわかって、だんだん穏やかに話ができるようになることが増えてきたなあって思います。

子どもに注意をすると、「虐待や」と言われたり、もっと反発させるのではないかっていう恐れがくるから、ついつい弱すぎる態度で接していたかも。でも、それが反対に子どもを不安にさせていたのかもしれないって思って。この前、また反抗的な態度で来た子に向き合ってしっかり注意してみたら、意外にも受け入れて、スムーズに話せたことがあったんです。必要なときは大人として毅然とした態度をとるというのも子どもに安心感を与えるんだとわかったんです。

中学生の子が2か月ぶりに部活に復帰できて。最初の1か月は学校も行けなくて。その間、ずっとひたすら職員と話をする。聞いてほしいからひたすら。それにずっと付き合っていて。そしたら、だんだん学校に行けるようになって。次は部活に復帰するのが目標やからって。それに向けていろいろまた話をする。どうでもいい話から深い話まで。その子は、他にもいろいろな職員と話をしていって。これまではくじけるたびにクラブの顧問の先生との話し合いにも職員が一緒に付いていってたんですけど、「今度は自分で行く」って言い出して。それでクラブに復帰できて。この2か月は無駄ではなかったんだって。あの子はこうやって、いろんな感情を満たしながら、準備していたんやなって今は思えます。

こうして、職員と子どもたちとの関係性が回復してくると、いくつかの大きな関門はあったものの、夜間の無断外出がなくなり、子ども同士および子どもと職員とのトラブルも減少していった。子どもたちの変化は数値でも現れており、職員が悩まされてきた子どもの不登校数は、２０１６年4月には1日当たり6・1人だったが、２０１８年4月には1日当たり1・9人に減少した。学齢児以上の「子どもから職員への暴力行為」は２０１５年度には80件を超えていたが、今はほぼなくなっている。「子どもの器物破損件数」は２０１５年度には33件あったものが、こちらもほぼなくなった。反対に「クラブ活動や通塾等への参加児童数」は年々増加している。これに比例するように子どもたちの学業成績も全体的に上がってきている。

これらの語りから見えてくるのは、子どもは安心感を十分に得られるとそれをエネルギーにして外に自分から探索行動のために外に出ていけるということである。そして、暴言ではない言葉が子どものほうからあふれ出す。職員との対話が増え、寄り添ってもらえることで子どもは自分の心の中や感情をコントロールする力をつけていったのだと考えられる。

それが不登校の減少や外部のクラブや習い事に参加する動機となり、成績向上にもつながっていったと言えよう。

そして、子どもたちが相手の気持ちになって考えるような言動も現れてくるようになる。

Aさん：中高生女子寮の不登校気味の子どもが学校に行きだしてて、無断外出・外泊も少なくなってきていたときにたまたま夜間の応援で寮に入ったことがあって。子どもたちが順番に入浴する時間で、リビングのビデオは同じものがずっとリピートされて流れていて。なんか穏やかやなあって感じてて。寮の雰囲気がこれまでとは違うなあって。そのとき、ある子が「同じものばかり見ているのは嫌やんなあ」と言って、リピートされていたビデオを別のに換えてくれて。えって。これまで自分がよければいいという自己中であったのが、こっちの身になって考えるということができるようになってきたんや。すごいなあと思った。

寮の雰囲気がこれまでとは違ってきたという話は他の職員からもよく聞いた言葉であった。これまでは、職員が表面的な子どもの言動にふりまわされ、反応していた状態であったが、一呼吸を置いて落ち着いて対応できるようになったことも大きいと言える。子どもの言動がどういう意味をもつのか、子どもの気持ちはどうなのか、本当の子どもの欲求は何なのかを職員が考えて、子どもと関われるようになったことが、次第に子どもたちの安定につながり、穏やかな生活空間を作り出してきたと言える。

5 集団養育と小規模養育の課題と工夫

Cさん：一緒に勤務している者同士が共通の言葉を使いながら共有できたことは強みだと思った。交代勤務でも（それまでの時間の）子どもらがどんな気持ちなのかをわかって入っていけるようになった。

グループでプログラム受講を進める中でアタッチメントについて職員の理解が進み、同じ視点で子どもの言動を理解できるようになってくると、養育観の統一も図られるようになってきた。また、職員自身の内省が進みだした。職員が子どもに落ち着いて対応するためには、職員の内省が重要である。どのようなときに自分の感情が揺さぶられるのか、カッとなるのか、不安が出てくるのかなどをグループで語り合う中で、こんな気持ちを感じるのは自分だけではなかったという安心感と連帯感が生まれ、職員同士がサポートをしあえる関係が作られていった。難しい課題を抱える子どもたちの養育において、チームで対応するチーム養育の意義が浸透していった。

小学校低学年を担当している保育士は職員同士の「お互いさま」が醸成されていく様子を語ってくれた。

今までは、問題が起こらないように自分で何とかおさめないといけないと思って、子どもへの態度を厳しくしたりしていたのが、最近は自分が今、テンパっているから、ちょっとごめんって言って、まわりにヘルプを求められる関係性がお互いに出てきた。迷惑かけてはいけないとか、力が入っていたのが、抜けて。お互いさまだなって。

幼児寮グループのファシリテーターを担ったBさん

グループの中で新人職員はなかなか語れないので、ベテラン職員から話し始めてもらった。最初、新人職員は話を聞くばかりだった。それが、だんだんと若手もプログラムの中で語れるようになって語りが増えてくると、現場でも、あえて若手に任せて、様子を見てみようという姿勢がベテランに出てきて。やらせてみて、あとでフォローの声かけをするようになってくれて。若手もそれがわかっていて、自分たちが信用してもらっていると感じているって。ベテランと若手の交流が活発になってきたんです。

グループでの語り合いが、現場での職員育成の場をつくる役割も果たしていることがわかる。このプログラムは集団養育を念頭においたものではない。子どもの欲求に敏感になることを心がけても、多数の子どもがいる場合、それぞれの子どもの欲求をどう受け止めるのかについて、職員の苦悩がある。

Bさん：幼児だと特に、安全を考えて、探索したいという行動を止めてしまうことがありがち。施設特有かもしれない。怪我をさせてはいけないってなって。また集団をおさめないといけないというところがあるから、ある子に寄り添うと、他の子も自分も自分もってなると、集団がまとめられなくなるから。

男子寮グループでの語り
（男子寮が荒れていた時代を振り返って）一人ひとりはいい子、個人的にはいい子、当時でもそうだった。でも集団になると強くなると言うか、悪くなるというか。怖いもの知らずで、なんでもやってしまう。集団の力がいい方向にいけばいいが、悪い方向にいけば、前のようになってしまう。集団だと、うわあーって言ってくる子が、ひとりのときは甘えてきていい子、集団化すると変わってしまう。
ひとりの子どもの対応などに手が取られて余裕がなくって、他の子どもに十分に関われなくなって、「ちょっと待って」と言うことが多くなると、それが他の子どもの不満を高めることになる。

中高生女子寮グループでの語り
集団が荒れないようにって、ルールがいろいろあった。自分が働き出したときは、ルールが厳しいって思っていたけれど、それがだんだんといつの間にか普通になってしまっていた。

集団をどう運営するかは施設にとって大きな問題である。対話の中で、「集団を抑える」という言葉が多くの職員から出た。子どもに問題を起こさせないように抑えることに職員のエネルギーが使われていく。職員配置は改善しているものの限られた職員数で集団養育を行うために、集団力動を理解し、ルールをどう設定するかは課題の1つである。

では、小規模になればどうなるのだろう。入舟寮では、地域小規模グループケアを行っている。施設の近くの一戸建ての家で小学生女子児童6人と職員が生活している。

Bさん：小規模では、施設に比べると子どもと大人の会話量が格段に多いと思うんです。すると会話のキャッチボールができて、集団では話さなかった子がいっぱい話すようになってきて。いつでも話を聞いてもらえる。やっきになってアピールしなくても聞いてもらえる安心感において小規模はすごいと思う。

集団では賢い子とされていた子がたくさん欲求を出してきて。すねたり、ふてくされたり、飛び出したり。それに対応するのは大変。職員が単独で対応することになるので、そこの難しさがある。きっと出ると思っていたので、準備もしてきたが、やはりという感じ。だから、プログラムのために施設のほうに地域小規模の職員にも来てもらって、たくさん話をする。職員を孤立化させないように気をつけています。

集団の中での賢い子とは手のかからない子という意味であろう。生活環境が集団から小規模になれば、集団では抑えられていた欲求が子どもたちから噴き出してくる。限られた職員で対応する小規模ホームでの養育は担当職員にとっては負担も大きくなる。一人ひとりにしっかり関わるには、単に生活単位を小規模にするだけでよい結果を得られるわけではないことがわかる。職員が子どもの出す欲求に対応できるように、本体施設が地域小規模の職員をサポートすることが重要なことがわかる。

集団養育の課題は大きいが、それを活かす工夫も見られる。集団養育を活かすために、入舟寮では並行して、集団の成長と個々の子どもの成長を目指したグループ活動を意図的に展開している。

具体的にはクラブ活動、行事、子どもたちの会合である。フットサル、バレーボール、駅伝、社交ダンス、華道、英会話などのスポーツ・文化のクラブがあり、外部からの講師も入って活動している。キャンプ、海の子祭り、クリスマス会などの行事も復活している。子どもたちに伝達事項を伝えたり、問題が発生したときに話し合う施設全体の児童会が定期的に開かれており、寮ごとの子どもの話し合いの会も開かれている。

特徴的なのは、高校生がリーダーとして、これらの活動をコーディネートし、職員のほうはそれをサポートする体制をとっていることである。例えば、年間を通じて継続的にさまざまな行事や取り組みが行われているが、それらをどのように進めていくかについて、高校生の児童実行委員は職員との話し合いを繰り返す。これらの取り組みを行っていくことで、高校生の子どもと年下の子どもの縦のつながりが生まれる。次に高校生が年下の子どもたちと話し合う。この関係性をベースにして、生活場面で起きるさまざまな事柄への対応にもつなげ、生活場面の安定を図るというものである。集団養育故のルールの設定をどのようにするかという課題は子ども同士、子どもと大人の対話で解決できる可能性を感じる。

Dさんは、グループ活動を導入した意図を語る。

〜この子たちの出ていく社会は、どこに行ってもひとりではないでしょ、必ず人間関係がありま すよね。プログラムが浸透して、子どもたちが施設で安心感を感じられるようになったなあと思ったので、次はグループの活動をとおして、自分の気持ちや考えを言えたり、相談ができるようになってほしいと思ったんです。施設でできるようになれば、学校やクラブに出ていっても言えるようになる。そして、将来は社会に出ていく。そのための予行演習の場にしてほしいと思ってやっているんです。

Aさん：個別化の方針でいったん、廃止したグループ活動を今は改めて大切にするようになっていて。子どもとの関係においての基本は個で、アタッチメントを重視した支援をベースにしていますが、それを土台にしてグループ活動を行うことで個と集団の両方が高まって、子ども同士の関係性もいい方向に循環してきたように思うんです。児童会活動を通して子どもらでつながりながら、自分たちで決めていく力がついてくるようになってきたんです。子どもに語れる力がついてきたと感じています。元旦のときに、みんなで、年間目標について話し合ったことがあって。こんなふうにしたい、あんなふうにしたいって。十数人の子どもらの話が止まることなく、小学生もいたけどみんな話が止まらなくって。ああ、この子ら、夢が語れるようになってきたなあって思いました。

もう1つ面白いエピソードを教えてもらった。施設にある意見箱に小遣いを上げてほしいという要望があがった。そこで、高校生部会を開き、各寮での子どもたちの意見を高校生がまとめていき、小遣いを値上げするために、現状の生活の無駄を省く努力をすることになった。具体的には、「節電・節水・物を大切にする」というスローガンを掲げた。そのうえで、全体児童会が開かれ、高校生がそのスローガンを発表して、今後の生活で全員がそのスローガンを意識していくことが確認された。翌年、その結果が出た。前年に比べて、ガス代、水道代が大幅に減ったというのである。もちろんその後、小遣いは約束どおり、増額されたそうである。

おわりに

外部の伴走者として入舟寮に通い出して4年余り。寮単位のグループでプログラムを進める中で職員の語りが変化し、施設が変わっていくのを目の当たりにし、子どもと職員が失った言葉を取り戻していく過程に付き合わせてもらった。

今回、改めて入舟寮の崩壊から再生までを追うことで、子どもの荒れは大人が子どもの欲求を受け取れないことに対して、子どもが出すサインであることが見えてきた。そして、個別化や職員ファーストなど一見わかりやすい言葉ではあるが、中身の理解が共有されないままの方針転換による荒れの始まり。それがうまく機能していないことがわかっても、いったん進みだすとそれを止められなかった組織。よい養育の実践のためには、その土台となる組織のあり方が大切であることがわかった。ほぼ崩壊した状態から職員全員が目的を共有し、立て直しを図っていく過程には、ここで紹介した以外にも多くの取り組みが行われたが、それらは養育方針という目的を達成するための「方法の原理」に沿っていたためによりよく機能したと言える。

機能する組織はリーダーのあり方ももちろん大切であるが、各々が絶えず現状の振り返りを行うこと、組織内の縦と横の対話がスムーズであることが重要である。「安心感の輪」子育てプログラムの導入はこの対話の促進にも役立ったと考える。

こうして、入舟寮は深刻な荒れからは脱出したが、日々、さまざまな問題は発生しており、職員たちは集団養育と個別対応のはざまで悩みながら子どもの養育に取り組んでいる。国は施設への措置はケアニーズの非常に高い子どもたちに限るという方向性を打ち出しており、より職員の養育力の向上が求められている。現在では入舟寮のほぼ全員の職員がプログラムを複数回受講し、職員4人がこのプログラムのファシリテーター養成研修を受講し、施設内でプログラムの継続的に実施することが可能な体制が整った。繰り返しプログラムを受講することを通して、職員が同じ視点で子どもの言動の意味を理解できるようになることは集団養育の弱点を補うことにつながってきたと実感している。加えて、グループ活動を組み合わせることによって職員同士、子ども同士、子どもと職員の対話がより活性化してきた。今後、入舟寮は大舎制の建物を小規模化・個別化し、併せて地域小規模化をより進めていく予定である。生活構造の変化は、子どもと職員の関係にも影響を及ぼすだろうが、かつてのように集団と個別のはざまに子どもが落ちることはないと信じたい。

入舟寮での対話会を終えて、園庭に出たところで、小学生の男の子が「スケートボードをやるから見てて」と担当職員に向かって言っている姿を見た。見守られながら、あぶなっかしくスケートボードに乗って職員のそばから離れていく彼と、「見ているよー」と声をかけている担当職員を見ながら、ああ、ここにも、安心感の輪が見られたと思った。確かに、4年前、ここに通い始めたときとは満ちている空気が違っていることに気づいた。

注

1 平成23（2011）年7月に出された社会保障審議会児童部会社会的養護専門委員会の「社会的養護の課題と将来像」では児童養護施設の小規模化と家庭的養護の推進を示した。施設の小規模化は「家庭的養護と個別化」を行うことで、「あたりまえの生活」を保障する意義を示した。

2 平成29（2017）年に厚生労働省から出された「新しい社会的養育ビジョン」は家庭養育推進のためなどの具体的な数値目標が示され、社会的養護の関係者に衝撃を与えた。

3 厚生労働省「社会的養育の推進に向けて」（令和2年3月）https://www.mhlw.go.jp/content/000784817.pdf

4 「大舎」とは1養育単位当たり定員数が20人以上の施設である。「中舎」は13～19人、「小舎」は12人以下、小規模グループケアは6～8人とされている。

5 野坂祐子（2019）『トラウマインフォームドケア――問題行動を捉えなおす援助の視点』日本評論社、78～79頁

6　西條剛央（2011）「構造構成主義的組織論の構想――人はなぜ不合理な行動をするのか？」『早稲田国際経営研究』42、106頁

7　北川恵・安藤智子・岩本沙耶佳（2013）「安心感の輪子育てプログラム（マニュアル）」アタッチメント理論に基づいた、乳幼児をもつ養育者へのビデオを用いた介入プログラムCOSプログラム（the Circle of Security Program）をベースに、わかりやすい映像や図表を盛り込んだDVD教材がCOS－Pプログラム（the Circle of Security Parenting Program）。北川恵が日本に「安心感の輪」子育てプログラムとして紹介した。

文献

伊藤嘉余子（2017）『社会的養護の子どもと措置変更――養育の質とパーマネンシー保障から考える』明石書店

数井みゆき（2012）『アタッチメントの実践と応用――医療・福祉・教育・司法現場からの報告』誠信書房

北川恵・工藤晋平（2017）『アタッチメントに基づく評価と支援』誠信書房

工藤晋平（2020）『支援のための臨床的アタッチメント論――「安心感のケア」に向けて』ミネルヴァ書房

西條剛央（2015）『チームの力――構造構成主義による新組織論』ちくま新書

ちょんせいこ（2010）『元気になる会議――ホワイトボード・ミーティングのすすめ方』解放出版社

野村武夫（1999）『はじめて学ぶグループワーク――援助のあり方とワーカーの役割』ミネルヴァ書房

津崎哲郎（2015）『里親家庭・ステップファミリー・施設で暮らす　子どもの回復・自立へのアプローチ――中途養育の支援の基本と子どもの理解』明石書店、144頁

第7章

「声は出してないけど、涙ずっと流れてるんですよ。それで、『守ってあげないとな』って思いました」

――社会的養護を経験したヤングケアラーAさんの語りから

村上靖彦

1　母親の薬物使用をめぐるあいまいさ

◆こどもの里と薬物使用の始まり

Aさんは、中学生のころ大阪市西成区にあるNPO法人こどもの里のファミリーホームで社会的養護を経験したのち、現在他県で児童養護施設に勤務している（こどもの里の1階2階はさまざまな年齢の子どもが集まる遊び場だが、3階ではファミリーホームを運営している）▼1。インタビュー時に20代の女性である。

あるとき私は、こどもの里を訪れ、館長の荘保共子さんと西成区のヤングケアラーの調査についての打ち合わせをしていた▼2。そのとき荘保さんから唐突に、「今ちょうど帰ってきてるから話聴いてって」と言われて、何のことかも分からないまま私はAさんに挨拶をした。「Aさんがかつてヤングケアラーだった」ということなのだが、彼女はたまたま大阪に帰省してきていて、こどもの里に寄っていたのだった。事前の情報はほとんどない状態で、翌日にこどもの里の2階にある通称「しずかなおへや」で2時間弱インタビューにご協力いただいた。さらに、その2か月半後に追加の情報をいただくために2時間強ZOOMで2回目のインタビューをしている。

困難を「誰にも言えなかった」と語るように、ひとり親家庭で親が薬物依存に陥るという苦境のなかを（周囲からはっきりとは気づかれることなく）Aさんは生き抜いてきた。本稿はすき間に陥った子どもが、サポートを得て生き延びていくライフストーリーの分析という形をとる▼3。大事なことは一人ひとりの経験は全く異なるものであり、その単独性とそのなかにある構造を読み取ることだ。Aさんの経験を一般化することはできないが、一般化できないディテールのなかにリアリティがある。

母親が薬物使用で逮捕されたときに、Aさんは（児童相談所の一時保護所ではなく）こどもの里で緊急一時保護となり、そのまま里子として1年間住むという社会的養護の形をとっている。つまり一時保護所から見知らぬ施設に措置されるのとは異なる経緯をたどっている。そのことが、Aさんの自立のプロセスと大きく関係していると思われる▼4。このことは、のちほど引用する本人の語りにも登場する。地域の居場所は、緊急時の避難場所になりうるが、それだけでなく子どもの自立に向けての土台として機能する、という点が本稿の大きなテーマとなるだろう。

もう1つの主題は、薬物を使用していた母親への強い思いだ。最近私がインタビューを取り始めたヤングケアラーの青年たちの、今のところ全員が母親を強く気づかっている。Aさんもまた例外ではない。ヤングケアラーとは、家事や介護を担う子どもであるより前に、家族のことを心から気づかい心配する人のことであることを私は学んだ。Aさんの職業選択を含めたそのつどの意思決定は、この母親への思いと強くつながっている。第2節以降がほぼ語りの時系列に従って引用が並ぶのに対して、逮捕前が話題となる第1節は、語りのさまざまな場面から引用してテーマごとに再構成している。インタビュー全編にわたって薬物を使用していたころの母親への心配を語ったことは、Aさんにとってたえず立ち返るポイントだったということを示している。

Aさん：小学校1年生のときから、里にくることになったんですけど、今はちょっと分からないんですけど、当時、里が、「里の今月のスケジュール」っていって、ここら辺の小学校に配ってるんですよ。そんとき手紙で渡されて。で、「こんなんあるんや」っていうので、4月にちょうど親子遠足っていうのがあったんで、それがきっかけで「行こう」ってなって、家族で行きました。

私、3人きょうだいで、下に年子の妹と、今、高校1年生の弟がいます。お母さんが……ほとんど母子家庭やったんですけど、里に来たときは結婚してたんかな、結婚してて、小学校3年、4年生ぐらいになって離婚したんですけど、そのきっかけが、お母さんの覚せい剤使用で。覚せい剤使用で、そっから離婚になっちゃって生活が一気に変わって、一軒家だったんですけど、そっからマンションに引っ越す形になったりとかして。

そのときは、ずっと里には通ってたんですけど、だんだんお迎えの時間が遅れるとか、お弁当を持ってくる遠足のときに弁当が用意できないとか。弁当、用意できないっていうか、弁当作らずにコンビニで買って持っていくみたいな、そういう感じに結構なっていってたんですよ。（1回目2a）

小学1年生で初めてこどもの里の行事に参加してから、そのあと母親の覚醒剤使用が始まり、離婚して引っ越しにいたる急な変化が圧縮された描写で語られている。はじめの段落で、子どものころ平和だった家族の様子が一瞬だけ登場する。このあと何度か「(昔に) 戻る」という表現が登場するのだが、この「戻る」先である昔の生活がかすかに暗示されるのだ。

「だんだん」お迎えの時間が遅れるという悪化は、のちに「だんだん」母親が回復する場面が登場することで、語り全体の枠構造をなす。あとから振り返って見ると「一気に変わって」という急なリズムで母親をめぐる状況が悪化しているのだが、子ども時代のAさんは「だんだん」というゆっくりのリズムでお迎えが遅くなるという経験をしていたと回想するのだ。

◆薬物が作り出した状況――「でも」をめぐるあいまいさ

母親が薬物を使用しているあいだのAさんの経験はある独特のあいまいさで特徴づけられる。以下は前の引用にすぐ続く語りである。

Aさん：覚せい剤を使用してたから、お母さんのほうが。してたから、だからやっぱりお金も足りなくなってくるから、里の昼ご飯食べたのもお金、払えないとか。結構ずっと滞納してたんですよ。家帰ってもご飯ないとかっていうのが結構あって。それで、ちっちゃいときやったからあんまり記憶もないけど、でも私、結構そういうの繊細やったりするから、ママのこと気にして気にして仕方なかったから、すぐ泣いてたし。もうしょっちゅう泣いてたし、それを弟と妹がずっと見てるみたいな感じでしたね。（1回目2b）

Aさんの語りは、そのつどベースとなる〈状況〉と、そこでのAさんの〈応答〉が交互に語られる。「～から」で語られる状況は、（1）薬物、（2）お金の欠乏、（3）Aさんの繊細さ、（4）母への気づかいだ。この4つのモチーフはこれからも繰り返し登場するライトモチーフとなる。

ここでの状況に対する応答は、「すぐ泣いてたし。もうしょっちゅう泣いてたし」である。「～から」と「〜し」が状況と応答の係り結びになっている。ここにはAさんの強い不安が表現されている。そして前の引用から何度も繰り返される「結構」が（さまざまなことがらを形容するがゆえに）状況の切迫さを表現している。泣くほどの不安であり、のちほど登場するように、泣いていたのはこどもの里という居場所においてであった（不安を表現できる場所であったと同時に、家の状況を語ることはできない場所でもある。語ることができない不安の表現が「泣く」である）。Aさんが泣くのは薬物に気づいているからでもある。「〜から」は状況を示すが、気づきの理由でもある。

このことはリズムの重層性でもある。「ずっと」続く困難と不安のベースの上で、「すぐ」泣いたり「しょっちゅう」泣いたりする身振りが生起する。「だんだん」お迎えが遅くなった行き先は、「ずっと」滞納してたというような、困窮と不安の停滞であり、そのなかで間欠的な「すぐ」「しょっちゅう」というリズムが登場する。

ここで「お母さん」から「ママ」に人称代名詞が変化する。「ママ」が登場する語りの多くは「ママのこと気にして仕方なかったから」というように、「ママ」のことを心配して気づかう場面である。つまり「ママ」という言葉には、母への「気づかい」と強い「不安」が表現されている。言い換えると、「ママ」が登場するのは、地の文であっても会話の再現のように語っている箇所だ。

おそらくこの不安のもっとも大きな理由は、次の引用で語られる。前述の4つの〈状況〉がここに収斂《しゅうれん》する。

村上：どういう気分？　その泣いてたっていうのは。

Ａさん：帰ったらもうママがいないとか。でも自分、私自身は母が薬やってるっていうことはだんだん気づいてたんです。普通に家、帰ってきたら母はいるけど寝てる状態で、注射器が置いてあるとか、そういう風景を見てたんで。妹、弟とかも多分、分かってたんです。でもそれはずっと▼5、「糖尿病の注射」とかって言われてたし、でも頻繁にちょっとやくざちっくなっていうか人たちが出入りもしてたし。だから大体、気づいてたっていうのはあるんですけど。それを実際、言ってたりもしてたんですよ、見たときも。「これ何？」みたいな感じで。だから気づかれてることを分かってるけど、うまくかわされてきてたみたいな感じで。（1回目2c）

泣いていた理由となる状況は「帰ったらもうママがいない」という不在とそこにともなう不安に収斂する。

Ａさんは「気づいてた」と2回語っている。お迎えの時間が「だんだん」遅くなるのにともない「薬やってるってことにだんだん気づいてた」のだ。ここから先の語りでも「気づく」「気づかない」「分かる」「分からない」「知りたかった」という気づきをめぐる単語が頻出する（1回目のインタビュー全体では「気づく」関係が16回、「分かる」関係が52回、「知る」関係が22回登場する）。母親の不在や薬物使用に対する不安は、知らないことが何かあるのではないかという不安へと変換されていく。薬物による母の変化と母の不在、母をめぐる分からないこと、この3つが絡み合っている。

Aさんは母親の覚醒剤使用に「気づいてる」けれども「分からない」こともある。母親は「気づかれてる」と「分かってる」けどごまかす、きょうだいも「多分、分かってた」と思われるがはっきりしない、(次の引用に登場するように)こどもの里も「たぶん気づいている」が「分からない」、このように「気づき」をめぐって何重にもあいまいな状態のなかにAさんは置かれている。Aさんが置かれていたすき間はこの状態だ。この気づきをめぐるあいまいさを示す言葉が「でも」だ。気づいている「でも」隠している、隠している「でも」気づいているのだ。「でも」がAさんの語りのキーワードとなる。

◆母の様子のあいまいさ

ほとんど合いの手をはさむことなく子どものころから現在までの経緯をうかがって1時間弱経ったところで語りが止まったときに、私は印象に残ったことを問いかけた。その返答として、薬物を使用していた母親の姿が語られる。この語りによって、母親の薬物使用が強い意味を持っていたことが分かるとともに、そのころにAさんが何を感じていたのかが分かる。

村上:一番印象的なのは、それだけ強くお母さんのことを思えるってどういうことなんだろうって。

Aさん:なんででしょうね。たまに、――ママ、つねに不安そうな顔してるっていうか。薬もやってるっていうのもあったから笑わなかったんですよね。――あるときママ泣いてて、めっちゃ。泣いてて、家帰ってきたら。声は出してないけど、涙ずっと流れてるんですよ。それで、『守ってあげないとな』って思いましたね。
村上：守ってあげないとっていう存在だったんだ。
Aさん：そうですね。ママ1人だし、母子家庭で1人だからこそ。あと、自分が長女やからっていうのもあったんですね。責任感強い部分は正直ありました、自分のなかで、なかにはありましたね。〔…〕ひたすらあれでしたよ、帰っても「ママおらん」とか、「ご飯ない」とかで、家帰っても。（1回目13a）

直前の語りでAさん自身が母のことを心配して強い不安を感じて泣いていた。その同じときに「ママ、つねに不安そうな顔して」泣いているのだ。「たまに」「つねに」「あるとき」という相容れないリズムを表す形容詞が並んでいることはこの不安を強調する。これはどういう時間経験なのだろうか。まず「たまに」と反復される母親が泣く場面を想起するのだが、Aさんはすぐにその反復が「つねに不安そうな顔」という持続する状況のなかで起きていることに意識が向く。そのとき「あるとき」の個別の場面がクリアに思い出されたのだろう。

「ずっと」「ひたすら」というベースの上で「たまに」「あるとき」という単発の出来事が描かれるポリリズムである。「帰ってもママおらん」というのはその瞬間には突発的な出来事なのだが、その突発時は「ずっと」「つねに」「ひたすら」という母親の不安の上で生じている。

なぜ泣いていたのかは「薬」のせいとしか語られなかったし、Aさんにも分からないのかもしれない。「分かる」「分からない」という母の覚醒剤使用をめぐるあいまいさと重なる形で、母の不安が提起するあいまいさが登場している。「声は出してないけど、涙ずっと流れてる」のも悲哀の表現の背後に何があったのかは、インタビューの語りからは分からなかった。しかし母親が抱えていた強い不安と悲哀、そして「ひたすらあれでしたよ、帰ってもママおらんとか、ご飯ないとかで、家帰っても」というときにAさん自身が感じていた強い不安がリンクしたものとして語られる。この不安こそが、〈気づいていた「でも」隠していた〉という気づきをめぐるあいまいさの背景にあるだろう。

「〈自分にとって〉ママ〈は〉1人だし」、「自分が長女やから」という母親とAさん双方の唯一性も、不安を強調することになる。ここから「守ってあげないとな」というようにヤングケアラーとして幼いころのAさんは自己規定していたというのである。ヤングケアラーを引き受けるということは単に家庭状況が強いる役割であるだけでなく、本人にとって複雑なプロセスの経験なのだということが分かる。と同時に、本人たちは「ヤングケアラー」という概念を自らに当てているわけではない。本人にとっては「ヤングケアラー」として統計的に調査されるカテゴリーに収まらない個別的で複雑な経験のプロセスなのだ。

この語りの直前に、同じころ母親の視点からどう見えていたのかが語られていた。Aさんの思いと母親の視点の違いは強いコントラストをなしている。

Aさん：〔母は〕やっぱり子どもたちのことは一切考えてなかったみたいで、薬してるときは。もうほんまに自分、自分で。自分たちがどういう気持ちで、夜中、家におったかとかも、全く一個も考えることなかったんですよね。て本人は言ってて。考えることもなくて。考えることなかったし、「そんなこと思ってたんや」っていうようなことばっかり言われたっていうか、〔のちに出所した母と〕話してるなかで分かりましたね。（1回目12c）

この引用では、Aさんから母親への思いと、薬物使用時には子どもを「全く一個も考えることなかった」という母親からAさんへの告白とがコントラストをなしている。ここであいまいな立ち位置にいるのは母である。Aさんは母親の薬物使用を心配していたが、「でも」母はAさんの気持ちを知らなかった、という知る・知らないのあいまいさだ。

この引用の前後では、現在は元の生活に戻って安心しているという内容が語られていた。ところがそのなかで、「自分たちがどういう気持ちで、夜中、家におったかとかも、全く一個も考えることなかった」というおそらくもっとも傷つく事実が語られているという両義性がある。Aさんの思いと母親の無関心というコントラスト、状況が改善した今現在の平和と、母が薬物を使っていた当時の不安というコントラスト、この2つがここでは際立つのだ。

Aさん：やっぱりママが寝てるときとかも、ママの携帯とかめちゃチェックしたんですよ。怪しい文章のメールとかあったりするし。家帰ったら注射器があって、血の付いたティッシュが散らばってるっていう光景はもう日常茶飯事やって。後々でママに聞いたら、注射器だけは絶対に見られへんようにしてるつもりではおったらしいんです。でも「全部、気づいたで」って言ったら、「そっか」みたいな感じではあったけど。どこに隠してるかっていうのも全部分かってたし、ママがおらんときとかも、隅から隅まで「何かないか」っていうのをすごい漁《あさ》ってたんですよ。それを見つけたところでなんですけど、でも確信的な事実がほしかったんですかね。これが何かっていうのを多分、知りたかったんですかね。（1回目15c）

インタビューのなかで母親を「ママ」と呼ぶときには感情（この場面は不安）がにじみ出ている。この引用では注射器が転がっている自宅を「光景」と呼び、さきほどは「風景」と呼んでいた。自分の家について「風景」というのは少し変わった表現であろう。「光景」「風景」は、突き放した自分には取り込めない違和感を表現する言葉の選択だ。逆にいうとこの回想では、当時の切羽詰まった状況を冷静に振り返る余裕があるということでもあろう。「ですかね」という疑問形とともに、捜索を当時は無心で行っていたことを、現在からは推量という距離をとって振り返っている。「光景」という言葉づかいとも対応している。

逮捕前の子ども時代は「確信的な事実がほしかった」、「知りたかった」。ということは逆にどうしても分からない知識の穴が空いている感覚があったのだろう。同時にこれは、違和感のある「光景」と母を心配する強い不安に由来する願いなのだろう。「それを見つけたところで〈どうしようもない〉」のは分かっているのだが、「でも」、「なんでこうなったのかを知りたい」と、母親の状況をめぐって根本的な空白があってそれを埋めようとしている。「でも」をはさんでここでも知ることをめぐるあいまいさが描かれる。〈知っても意味がない「でも」知りたい〉のだ。

◆妹と弟

母のことを心配し続けたAさんだが、そのとき妹と弟についてどうしていたのかについては1回目のインタビューでははっきりと語られなかった。妹と弟をどうサポートしていたのか尋ねるために、2か月ほど経ったときに2回目のインタビューをお願いすることになった。Aさんは、いったんは「基本的に私がなんかするってことはなかったです」と語ったのだが、もちろんそんなことはなかった。

Aさん：いつも夜ご飯とかも、「これで食べに行ってきて」みたいな感じで、お金、渡されて、妹、弟、連れて、ご飯、食べに行ったり。でも、そんときすごい育ち盛りやったんで、もらったお金では全然、足りないんですよ。『これやったら足りるか』とかってやって、すき家とか買ったりしてって感じですね。

あと、ママがおらんくなったりしたときは自分のことしか考えてなかったんで、だから取りあえずすぐ、里に電話して「ママ、おらんねん」って言ったり、「ママに連絡してや」とかって言ったりはしてましたね。〔…〕あと、友達の家とかに泊まりに行くときは妹と弟、2人とも連れて、どっか泊まりに行ったりしてました。妹と弟だけを家に2人で残すっていうのは、その当時、私、できなかったんで。だから、どこ行くにしろ連れてってましたね。（2回目1）

お金が家に置かれていたが3人の子どもが食べるのに十分ではなかった。ここでこどもの里にSOSを出すことができていたこと、そのサポートゆえに生活できていたこともかいま見られる。

Aさんは「自分のことしか考えてなかった」と読み替えてもよいのかもしれない。これは実際には「母親のことしか考えてなかった」というのだが、しかしAさんは何度か、妹と弟を置いてどこかに行くことはなかったと語った。どこに行くにも2人を連れていたそうだ。そして遊びに行きにくいゆえに家に友だちを呼んでいた。

Aさん：そうですね。弟と妹のケアって言われたら、ほんまにその2人、弟と妹だけにはしたくなかったんで常に。〔…〕だから私んちはめちゃくちゃいろんな子が泊まりに来てた、ほとんど里〔での友だち〕なんですけど。（2回目3）

Aさん：〔家に泊まりに来ていた〕その子らも、今ももちろんつながってるし、その子らもなんだかんだ、しんどい家っていうのも分かってたし、その子ら自身もしんどい家でもあったからこそ逆にあれなんですかね。（2回目5）

この描写からは、母親が頻繁に不在だったことが分かる。家に来ていた人のなかには、私も知っている名前があがった（その家庭も大きな困難を抱えた家庭だ）。Aさんが弟と妹を1人にしないということは大きなケアだが、同時に困難を抱えた子ども同士が支え合って生き延びていくピアサポートがいま見られた場面だ。「その子ら自身もしんどい家でもあったからこそ逆にあれ」の「あれ」とは支え合いを含む関係全体だろう。

こどもの里にSOSを出すことができること、こどもの里が居場所であるがゆえにピアの支え合いが自発的に（こどもの里の外でも）成立すること、このことがきょうだいへのケアの文脈で登場していることにも意味があるだろう。（母親へのケアがAさんを孤立させたのに対して）きょうだいをケアするヤングケアラーは、地域のネットワークのなかで成り立っている（つまりヤングケアラーとしては母親への気づかいと、きょうだいへの気づかいではモードが異なる）。

◆母のことを周囲に「言えない」「言わない」——もう1つのあいまいさ

さて母親があいまいな返答でAさんをごまかしたのに対し、こどもの里も「気づいてたと思うけど」はっきりとは言わないという、あいまいな姿だったそうだ。

Aさん：男の人、相手の人とかも結構ころころ変わって、おった人が捕まっておらんくなったらまた新しい人が来て、また捕まって、それの繰り返しで。もう3人ぐらい男の人が出入り、彼氏みたいな感じでいた感じにはなるんですけど。そのときは私は、里には言わなかったんですよ。言わなくて、『言ったらママが捕まってしまうんじゃないか』って思ってたから。だから言えなくて。

多分、里も、そんとき気づいてたんかは分からないんですよ。でも多分、気づいてるんです。気づいてるとは思うんですよね。でも逆に、私の母しっかりしてたんで。お弁当とかもめっちゃ凝って作ってたし、そういうのが一気になくなるとやっぱ気づくじゃないですか。だから多分、気づいてたと思うけど。「気づいてたよ」っていうのは、私は別に伝わってないから、どうやったかは分からないんですけど、夜ご飯とかもないとき、ママと連絡が全然、取れないときとかも、里の人に家来てもらってとかもしましたね。携帯とかも持ってたんですけど、携帯代払えなくて、途中で止まったりもして、母との連絡が取れないとか。だから、里の人にかけてもらうしかないとか。家おるときとかも、途中で夜中ママがどっか行ったりとかしてたりもして。（1回目3a）

母親の薬物にかかわる「彼氏みたいな」「男の人」たちは、断続的に語りのなかにも登場するのだが、のちほど頻出する「ママのせい」という語りに対して、「男の人たちのせい」という語りはない。「男の人」は語りのなかでは邪魔で奇妙な異物であるような登場の仕方をする。

語りの短い間に「しっかりしてた」母から「ママと連絡が全然、取れない」状態へと変化し、客観的に「母」と語る描写から、「ママ」と不安に巻き込まれた呼称への変化が見て取れる。「ママと連絡が全然取れない」「どっか行ったりとかしてたり」という母の不在、遠ざかりだ。逮捕は、いなくなる遠ざかりを決定的なものにする出来事として恐れられている。

さて、この引用の焦点は「言わなかった」ことである。Aさんは「言わなかった」「言わなくて」「言ったら」「言えなくて」と、母親の薬物使用について周囲の大人に相談できなかったことを語っている。と同時に、「言わなかった」というのは意志によって語らなかったということであり、ここにAさんの主体性が覗いている。不安で「言えない」が、「言わない」ことはAさんの選択でもある。

これに対し、「里の人」は「気づいてたか分からない」「でも」「多分気づいて」いるという知っているかどうかあいまいな人として登場している。再度「でも」をはさんで気づいていることと気づいていないことの両義性が登場する。母親は覚醒剤をごまかし、こどもの里は母親の異変を知っていたはずだが沈黙し、Aさんもまた沈黙する。薬物は本人と周囲も含めて沈黙を強いる。この沈黙は、〈気づいている「でも」言わない〉の両義性の帰結である。Aさんにとってのすき間は沈黙でできている。

あいまいさは言いにくい状況と強い不安を引き起こしただろうが、しかし同時にAさんの主体性を生み出す土壌ともなったと思われる。つまり状況のあいまいさは、周りのサポートがあるときには、自分で自分の人生を選び作っていく土台ともなりうるのがのちに分かる。

村上：だからそのころって誰にも。
Aさん：言わなかったですね。
村上：誰にもSOS出せないってことでしょ。
Aさん：出せなかったです。『もっと里が、気づいてくれたらなんか変わってたんかな』とは思うけど、でも『あのときあの状態でよかったんかな』って思います。ママが捕まって、やっと自分から「実はこうこうこうやった」って話せるようになるっていう、そっちでよかったなって思います。そんときから里が気づいてて、なんかやってくれてるより、そんときの当時の自分やったら、『そっちのほうがよかったんや』と思います。
村上：それはAさんが自分で、自分の言葉で言えるからってことかな。
Aさん：そうやと思うし、自分がつらい思いして生きてるってことを、他人に分かったように言われたくなかったっていうのもあったと思いますね。ほんまに当時の生活は悲惨やったと思います。（1回目15a）

インタビューのときこの場面は不思議に感じていた。母親が逮捕される前は誰にも「言わなかった」のだが、「そっちでよかった」というのだ。「『もっと里が、気づいてくれたらなんか変わってたんかな』とは思うけど、でも『あのときあの状態でよかったんかな』」と、ここでも「でも」を蝶番《ちょうつがい》として「気づく」「気づかない」のあいまいさが変奏されている。「よかった」と3回繰り返しているのは、噛みしめて確認しているかのようだ。と同時に、「と思います」「って思います」と推量を含む表現が5回繰り返されることで、現在との距離とあいまいさが表現される（このあいまいさは「もっと早くに〔…〕気づいてほしかった」（2回目18）という思いもあったからだろう）。

私自身は今まで、当事者が発する暗黙のサインを支援者がSOSとしてキャッチする「SOSのケイパビリティ」の重要性を書いてきたのだが（拙著『子どもたちがつくる町』第5章）、Aさんの語りはそれに反対するものである。

要点は2点ある。1つは「里が気づいてて、なんかやってくれてるより」、「自分から実はこうこうこうやったって話せるようになる」という主体的な言葉を発することが重要であるということだ。

もう1つは、「自分がつらい思いして生きてるってことを、他人に分かったように言われたくなかった」という思いだ。このことは、母をめぐる状況を「知りたい」（つまり「分からない」）ということの延長線上にある。Aさん本人が状況の全貌を知り得ないのだから、周囲の人はさらにAさんが置かれている状況を知らないはずだ。状況を「知りたい」と探索することも、周囲から「分かったように言われたく」ないというのも、どちらも自分の経験と言葉を自分で主体的に獲得しようとする努力、他の人に経験を簒奪《さんだつ》されることを拒む意志の表明だ。

それによってAさんは自分自身の主体的な言葉と選択を手にする。このころのAさんは孤独だったはずだが、しかし周りから指摘されずAさんも告げなかったがゆえに、孤立が逆説的に自分自身で状況へと応答していく起点となっている。〈気づいているかもしれない「でも」言わない〉、というあいまいさは、〈孤独である「でも」自分で応答する〉という仕方でAさんが自立するための場となっている。

◆こどもの里と中学校——2つの居場所

当時のAさんは2つの居場所を持っていた。

Aさん：最初は覚せい剤の使用だけやったんですけど、営利目的の人、売人にもなっちゃって、だから結構、〔男の人も〕出入りもしちゃってたし。それを私は学校にも言うつもりもなかったし。おかしい行動とかしてたんですよ。次々変わる彼氏とかも、ガレージの下で注射器持って正座してたりとか、結構やばかったんですよ。あと何やろ。家の前で血まみれになるぐらいのぼこぼこのけんかを、男同士がしてたりとか、そういうのがあって。そのときは、『なんでこんな家に生まれたんやろ』とか、めっちゃ思ってましたね。
・・
でもやっぱり、ずっと里には来てたけど、里より私の場合は中学校に、学校に通ってることが楽しかったんですよね。学校の先生も知ってる〔「知らなかった」?〕わけではないけど、それが結構ありますね、学校のほうが楽しかったっていうのは。「それなんでか?」って言われたら分かれへんけど。里はちっちゃいときからおったから、自分の泣いてる姿とかを見てる人がいっぱいおるから、それに比べて中学校ではそういうことがないから、逆に過ごしやすかったっていうのが多分あったんやと思うんですけど。(1回目3b)

母親が覚せい剤の売人になり、男たちが家に出入りしながら異常な行動をする。ここでも男の人は異物として登場する。『なんでこんな家に生まれたんやろ』と同様の表現はさきほども登場している。孤立し絶望した独り言だが、同時に「ママのせいで」と責める言葉ではない。こどもの里と学校で支援者に恵まれていたAさんだが、そのサポートのなかにあって「言えない」「なんでこんな家に」と感じるような孤立を経験している。「学校にも言うつもりもなかった」ことと「なんでこんな家に生まれたんやろ」という思いとはリンクしている。母親の薬物使用という状況にあって、家の外にSOSを出せず、家は生存不可能な状況になるのだ。SOSを出せなくなる背景はそのつど個別的だろうが、しばしばヤングケアラーがSOSを出せないという事実は一般化可能だろう。

こどもの里はAさんの居場所でありシェルターであったのだが、「でも」中学のほうが「楽しかった」という。こどもの里は、泣くこともできる安心な場所であり、それゆえに悲しい場所になるというあいまいさがある。中学校は母親の問題を知らないので楽しく過ごせたのだ。「でも」をはさんだ状況の両義性はここでもAさんの語りの大きな特徴となっていく。「でも」はここでも知ることと知らないことのあいまいさにかかわる。Aさんが泣いていたこどもの里はAさんの苦境にうすうす気づいている施設である。学校の友人はAさんの苦境に気づいていないがゆえに明るく振舞えるのだ。

おそらくこどもの里と中学校という2つの居場所が補い合ってAさんを支えている。安全安心な場所であり、感情を出して泣くこともできる場所としてのこどもの里と、友だちと仲良くコミュニケーションをとることができる場所としての中学校、そのどちらも必要だろう。居場所にはいくつかの機能がある。そして複数の居場所を持つというのは健康さの表現でもある（孤立すると居場所を失っていく。まさにこのような状況のなかで複数の居場所をもてたことがAさん自身と地域の力である）。こどもの里は、母親が不在であることへのケアと、泣いているAさんをかくまうという役割を担う。Aさんに何も言わないままかくまうことで、Aさんが自立していく準備をしたのがこどもの里だ。

2　母の逮捕のあと——こどもの里での滞在と知の獲得

◆母の逮捕

そして中学3年生のときに母親は逮捕される。逮捕ののちAさんは1年間こどもの里に滞在することになるのだが、この期間を特徴づけるのは、今までさまざまな面であいまいだった状況がすべてクリアになり、Aさんが状況について知ったことだ。それがこの場面の主題となる。

Aさん：今の現状に戻るきっかけになった出来事としては、普通にママが捕まったっていうことなんですけど、中3になった、ほんまに4月ぐらい。4月ぐらいに、始業式の日、家庭訪問の日やって、家庭訪問の週やったんですよ。なんで、早帰りで、帰ろうとしたときに先生から、「今マ・マから電話来て、家の鍵をママが持って来てしまって家入られへんから、直接、里おって」って言われたんですよ。『なんかおかしいな』と思って、里、行かずに、そのまま家帰ったんですよ、『なんかおかしい』と思ったから。

案の定、家の前に警察立ってて。「ここの家なんですけど」っつったら、警察が電話してやりとりし始めて、入っていいっていう許可が下りて私に伝えてきたんですけど、「家んなか、入っても大丈夫やねんけど、なかの物とかは一切触らんといて」って言われたんですよ。『これは終わったな』と思って「分かりました」って言って。「このあと、どっか行きますか」って言われたら、もうすぐ里、行かないとあかんから「こどもの里に行きます」って言って、そしたら「分かりました」って言われて、家入って。

その注射器とか粉とかストローとかそういうのを全部集めて。家宅捜索される前やったから全部置きっぱなしやったんです。全部集めて。そのまま。
村上：Aさんが集めたの？
Aさん：はい、私が全部集めて。粉とかストローとかも全部切って、トイレに流したんですよ。
村上：Aさんが流した。
Aさん：注射針とかは切れなかったから持って。それ以外のものは全部やったけど、でも『やっぱあっちはプロやし無理やな』とか思いながらも、もう全力めっちゃ尽くしましたね、そのとき。そのまま里、行って。里の人はもう話知ってたんかな。中学校の先生も多分、その時点で知ってて、その日の夜に学校の先生とか来てくれて、状況みんな把握したって感じで。（1回目3c-4a）

「今の現状に戻るきっかけになった出来事」というように、母親の逮捕がAさんの人生の転機となるのだが、それは表面的には逮捕によって母親が薬物をやめることができたからだ（深い理由はすぐあとで考える）。「普通にママが捕まった」ことは、それまでもっとも恐れており不安の種だったことであり、だからこそ「なんかおかしいな」と予感が働いたのだろうが、逮捕のあとには安心の種にもなる（「その後ママが捕まってからはやっぱりママがずっと隔離されてるから、何も安心してたんですよ、めっちゃ。」1回目5b）。

「ママ」という呼称は母親への気づかいの表現であり、場に入り込んでの表現である。中学校の教諭が「今ママから電話きて」とは言わないだろうから、この「ママ」はAさんの思いがそう語らせたことになる。「これは終わったな」と確信しつつ、証拠を消すために「尽くす」身振りも強いコントラストをなしている。

荘保さんからAさんを紹介されたときに、唯一聞いた情報が、「警察が来てストロー流したり」ということだった。そのとき私は、母親がストローを流す場面にAさんが居合わせていたのだろうと思いこんでおり、まさかAさん本人が流したのだとは思わなかった。

「状況みんな把握した」と、この場面以降、知ることをめぐるあいまいさがなくなり、全面的な知に切り替わる。表面的な「きっかけ」は逮捕だが、深層にある、より重要な転機は、この知ることをめぐるあいまいさの消失ではないかと思われる。このあとAさんが「全部知ってた」と語る場面が多いが、逮捕がきっかけで関係する全員が知るにいたりそのなかで際立った存在としてAさんの知があるという構図になっている。逮捕前の〈気づいている「でも」ごまかされる〉というあいまいな状況は一変する。

◆こどもの里での暮らし——将来への願い

収監のあと、いったんきょうだい3人はこどもの里に滞在することになる（緊急一時保護）。そして妹と弟は他県にあるY市にいる父のもとに引っ越し、中学3年生だった「私だけ約1年間ここ〈こどもの里のファミリーホーム〉に」滞在することになる。

Aさん：里に住んだときはやっぱり決まりももちろんあるし、自分で洗濯とか掃除とかもしないとあかんし、それがすごい嫌やったし、ルールが厳しいのとかもすごい嫌やったから。デメキン〔館長の荘保さん〕とかともけんかして、結構、家出したり里、出たりとかしたりもしたんですけど。

でも他の子とかと違うって自分で思うのは、そういうことがあったけど、ぐれなかったんですよ、私自身。夜中、遊びに行ったりとかもなかったし、タバコ吸ったりとかお酒飲んだりとかも全くなかったんで。こういう経験をきっかけに、社会福祉士として仕事に就きたいって思って。その〔母親の逮捕という〕きっかけがある前から、『自分はいろいろ大変や』っていうのを分かってたから、『自分みたいな子とか親を増やしたくない』っていう思いがあったんで。だからもうそのときぐらいから、そういう『児童福祉関係の仕事に就きたいな』とは思ってました。（1回目5b）

面白いのはAさんが遠慮なくこどもの里での生活の規則の厳しさに不満を述べていることだ。と同時に、Aさんは「そういうことがあったけど」ぐれなかった。そして「こういう経験をきっかけに」社会福祉士を目指している。将来へ向けての願いが語られ始める大事な瞬間だ。Aさんは社会福祉士という、自分の困難な経験をそのまま昇華する職業を選ぶという仕方で逆境に応答しようとしたことになる。そのこともあってこの願いの発露は意味を持つ。

Aさんのなかでは「ぐれる」ことと社会福祉士になることは分かれ道になっている。この分かれ道で「ぐれなかった」選択には、知ることをめぐるあいまいさのテーマが関係している。

逮捕前の語りは〈気づいている「でも」隠される〉というあいまいさが前景にたった。母の逮捕前は状況と未来が「分からないこと」による不安が全体を支配する気分となっているが、ここでは「〈母親の逮捕という〉きっかけがある前から、自分はいろいろ大変やっていうのを分かってた」という気づきが語られている。逮捕前に身をおいて語るときは〈気づいている「でも」隠される〉というあいまいな状態だったのだが、逮捕後に視点を置くと遡行的に「〈前から〉分かってた」状態へと意味づけが変わる。そして知は自立へ向けて歩むプロセスそのものを示している。自分の境遇について「分かってた」というのは実は大きなことである。そもそもヤングケアラーという言葉自体が日本で知られるようになったのはつい最近のことであり、渦中にいながら自分の境遇を意識していないヤングケアラーの当事者は多いだろう。

そしてAさんの場合、この気づきが「児童福祉関係の仕事に就きたい」という意思決定と結びついている。「分かってた」からこそ「福祉関係の仕事に就きたい」のだ。状況についての理解の獲得は自立に関わっている。社会的養護を経験した若者にとって、将来の願いを持つことは〈困難な条件とモデルの見えなさゆえに〉極めて難しい。Aさんの場合状況への「気づき」はその条件に対抗するための前提となっている。そして逆境をそのまま現在の職業へと反転させようとした意志は、Aさんを貫いている本人の力であろう。

◆状況について「知りたい」「見たい」

この「分かってた」という知の獲得はさまざまな言葉で語られる。

Aさん：ママのせいで絶対に必要じゃない知識を得たっていうか、法的な行いをしたというか、裁判に行くってこともないじゃないですか。裁判に来たときも、一応、手錠でつながれてるんですけど、でもそれをあんまり生々しく見えへんように、ハンカチみたいな感じで隠してるんですけど、見えてまうしみたいな。
あと供述書、もうめちゃくちゃ、このぐらいの厚さのある供述書、全部読んだんです。でもそれは弁護士さんが持ってるものかなんかで、〇〇〈Aさんの愛称〉が「見たい」って言って、「ほんまに見ていいん？」って、「結構いろんなこと深く書かれてんで」って言われて。そんときから、ちっさいときからそういうの多分知りたいとかっていう気持ちが結構、強かったんですよね。だから「いい」って言って、全部見て。私がこういうことを知ってるっていうのを知らないっていう部分が、多分ママにはあると思うんですよ。そのぐらいいろいろ見ちゃって。（1回目10a）

「必要じゃない知識」「〈手錠が〉見えてまう」「全部読んだ」「知ってる」「知りたい」「見たい」「全部見て」「見ちゃって」、これらはすべて知ることに関わる。かつてのAさんが家のなかを調べ尽くしたとおり、Aさんは供述書を「見たい」「知りたい」と、知の位置に立つことを強く望んでいる。

これに対応するように、「(供述書を)全部見て。私がこういうことを知ってるっていうのを知らないっていう部分が、多分ママにはある」と、語る。Aさんが知る位置に立つのにともない、かつて隠しごとをしていた母親が(Aさんが知っているということを)「知らない」ことになり、立場が逆転している。

この「知りたい」という希望は、「自分たちの育児が耐えられへんくて」薬物に手を出したのではないかという疑問と関わっていたようだ。ここで次節で検討する「自分が悪い」というAさんの自責のテーマが顔をのぞかせている。

3 西成から離れた高校時代以後——「無理」と自立

◆「全部、自分が悪い」——底付き体験

中学3年生の1年間をこどもの里に滞在したのち、Aさんは高校進学時に父の転居先だったY市に移る。そのあと無理がたたっていったん窮地に陥るのだが、そこから自立に向かう動きが鮮明に

なるのがこの場面であり、同時にAさんを支えた具体的な対人関係が際立ってくるのもこの場面だ。

Aさん：だけど次の問題としては、〔父のもとに転居して高校に通い始めたときに〕パパとパパの恋人がいるっていうことで、すごい気をつかっちゃってて。私、長女やから余計、全部ママの責任やのに、全部、『自分が悪い』って思ってたんですよ。ママが「お金、貸して」とかパパにも多分言ってたから、結構お金やってて。もう自己破産しちゃってるんですよ、パパが。ママのせいで。それも知ってるから、パパもそういうのを私たちの前で言ってきてたんですよ。携帯作るときとかも、「一括払いしか無理やから」みたいな。「あのおばはんが借金したから、自己破産してるから無理やから」みたいな。でも本当はいい人やねんけど、そういうことをたまに言ってしまう。ほんまに結婚してたときは全くそういうのなかったんですけど、ママのせいで変えられちゃったって感じですかね。でもそんときも、『私が悪い』って思ってたから、気つかって、気つかってって感じで生活してて。〔…〕でも取りあえず大学行きたいっていうのと、『この家から出たい』と思ったんですよ。パパといる生活から。気をつかっちゃってたし、逆に『〇〇たちがおらんほうがいい』って、『私たちがおらんほうがいい』って思ってたから、だから気、つかってて。『パパから離れたい』っていう気持ちが、多分そんときは一番やったんですよね。無理してまででも行きたいって思って。（1回目6a）

逮捕前のあいまいさと対照的に、ここでも「全部」「全く」「一番」とはっきり言い切られていく。母親が薬物依存だったときには母親への「心配」が大きかったのだが、母親の逮捕後の父親との生活では（Aさんにとっては継父である）父親への「気づかい」が大きな負担となっている。どちらも気づかいだが、心配する気づかいと、罪悪感ゆえに遠慮する気づかいだ。母への気づかいは（母が薬物でAさんから遠ざかる一方で）遠ざかりの原因を知ろうとする接近のベクトルを持つ気づかいだ。父への気づかいは遠慮ゆえに「離れたい」という遠ざかりのベクトルだ。しかしこれは単に消極的な願いではない。第2節で（こどもの里からの家出と同時に）社会福祉士になりたいという願いが語られ、ここでも遠ざかりが「無理してまででも〈大学に〉行きたい」と願いが実行に移されていく自立のプロセスのなかで語られる。苦痛ゆえにこどもの里から家出し、父親の家から出るのだが、それは自立のプロセスと重なるのだ。

そしてこの場面で初めてAさんは自分の呼称を愛称である「〇〇」に変えた。日常で周りの人に呼ばれているニックネームに変えるのだ。ニックネームは、「ママ」という呼称がそうであるように、語りのなかで状況に入り込み、自分の情動と結びついた言葉であろう。

「〈現在からふりかえると〉全部ママの責任やのに」、「〈当時は〉全部自分が悪いって思ってた」と、この場面で「ママのせい」のモチーフが初めて登場する。「ママのせい」というベースに対してそのときどきで応答が変化していく。父親の話題で「ママのせい」と語るときはAさんは「自分が悪い」と変換するのだが、のちほど見るように、母親に対して直接「ママのせい」と語るときは意味が大きく変化する。

◆1人暮らしと「無理」

こうしてAさんは1人暮らしを始める。

Aさん：1人暮らししていくことになったんですけど、でも案の定、精神的にも落ち着いてなくて、お金がなかったから余裕がほんまになかったから、だから夜ご飯もほんまに、バイトもしてなかったから、そのとき。Z市来てからは。バイトも見つからんかったから、だからなかなか生活するの無理やったんですよ。授業受けてても、勝手に涙出てくるし。家帰ったときに、いろいろ考え過ぎて何回も倒れたりもしてたし。逆に『1人暮らしやのに倒れたりしたら危ないな』と思って。里の人にも頼ることできなかったんですよ。そのときはほんまに、人に頼るってことができひんくて、『自分でもう何とかしないと』ってずっと思ってて。パパに電話して「お金ないからお金貸して」っていうのも言われへんし、もう自分の体調もよくなかったから、『これはあかんわ』と思って。〔…〕（1回目6b）

父のもとに暮らしていたときに「全部自分のせい」だと考えて1人暮らしを始めたものの「無理」になる。「無理」という言葉が、通常は「大変」や「困難」と言われる箇所で登場する。つまりdifficultではなくimpossibleである極端な状況がここでは語られている。この場面が語りのなかではAさんの底付き体験と言えるだろう。「勝手に涙出てくるし〔…〕考え過ぎて何回も倒れたり」というのは、住居に居れないだけでなく、自分の身体にも居続けられない状態だ（そしてかつて母親が「声は出してないけど、涙ずっと流れてる」場面と重なる）。つまり「無理」という言葉を強くとる必要がある。

このときAさんは「人に頼るってことができひん」と孤立していくのだが、周りはしかしサポートしていた。SOSは出してないが、しかし周囲はSOSを聞き取っている。大学の職員や教員が一生懸命奨学金の手配を整えるというようなサポートをしたのだが、Aさんはしかし断念する。

Aさん：『でもこれじゃ無理』と思って〔大学をやめてY市に戻りました〕。〔…〕その当時とかは、自分で自分を追い詰めてたって感じでしたね。（1回目7a）

父親との暮らしが無理だったので、「無理してまででも」大学に行ったが、新しい1人暮らしが「無理」になる。「無理」になることと「人に頼るってことができひん」ことがつながっている。孤立することと、倒れるほどまでに生活が立ち行かなくなることは連動している。こうしてAさんは1人暮らしからも遠ざかることになる。

ただし、ここでの語りは「自分」と「私」という呼称で、状況から距離をとってふりかえっていることから、乗り越えた過去についての語りだということが分かる。

◆再度の大学入学――「自分で調べて」

先の引用では「自分で自分を追い詰めて」「無理」になるのだが、実はここにはポジティブな力が隠れている。というのは「人に頼るってことができひん」ままに「自分で自分を追い詰めて」1人でなんとかやり抜こうとするのは、自立しようとする行動であり、自分自身の力の発露でもあるからだ。そのことがだんだんと語りのなかでも表現されるようになっていく。

Aさん：辞めて、1年間、また〈高校時代に〉働いてるバイト先に戻ってきて働いてたんですけど、それでもやっぱり社会福祉士になりたいっていう気持ちは変わらなかったんで、いっぱい自分でも調べて、頼る人もいないし、学校ももうないから。自分で調べて、学校行きたいっていう話を。

私が大学辞めて、Y市に帰ってきて4か月ぐらいたって、ママが帰ってきたんですよ、帰ってこれたんですね。（1回目7b）

一度挫折してY市に戻ったAさんだが、「社会福祉士になりたいっていう気持ちは変わらなかった」と意志は変化していない。「頼る人もいない」のだが、これは前の引用の「頼るってことができひん」と少しニュアンスが違う。以前のように（周囲のサポートはあったのに）「自分で自分を追い詰めて」誰にも「頼るってことができひん」のではなく、「頼る人もいない」から「自分で調べて」という自立を意味している。つまり孤立無援から、自力でがんばる、へと（まだ具体的には変化は起きていないが）密かに反転している。この行動に移す力はAさん自身の力であり、大きな要素である。

そしてここで母親が帰ってきたことで転機になる。母とともに暮らし始めることによって移動が止まり、落ち着いた居場所を手にする。

◆遠く離れたこどもの里とガニさん

さて、1人暮らしで「無理」になったときにも、実際には遠くでこどもの里のスタッフのガニさん（植月智子さん）がAさんを支えていた。1人暮らしは底付き体験なのだが、ガニさんの支えがあったがゆえに自立のプロセスの一段階となっている。

Aさん：すごい情緒不安定っていうか、多分そんとき（高校と大学時代）、うつになってたんじゃないかっていうぐらい、結構、自分自身もやばかって。あっち行っても頼れる人がすぐ近くにはいない。里があったら多分、行けてたけど、近くにはいないっていうので、またストレスたまって。ガニとか、ほとんどガニなんですけど、ガニに電話して。もう、ひたすら。いつも電話するとき大泣きしてみたいな感じやったんですけど。ガニがひたすら話聞いてくれて。ガニもすごい今、大変やと思うのに、遠く離れた自分のことも面倒見てくれて、それが私にとってすごい、ほんまに支えやったですよね。ガニの存在は特に。

〔中3のときに〕里、住んでるころからもそうですけど、自分の家がこういう家っていうのも言わへんかったからこそ、どうやって伝えればいいかっていうのが難しかったから、ひたすら泣いたり暴言吐いたりとかしかできなかったんですよね。〔こどもの里の〕3階の、3階で〔ファミリーホームに〕自分の部屋あったんですけど、大暴れして泣いたりして、「死にたい死にたい」ってずっと言ってて。そんときはほんまに、めちゃ死にたいとか思ったけど、全部ガニが止めてくれてたっていうのがあるかなって感じですね。（1回目8c-9a）

「頼れる人がすぐ近くにはいない」ときにAさんを支え続けたのがこどもの里のガニさんだった。さまざまなあいまいさが語られたAさんとのインタビューのなかで、ガニさんの存在は「ひたすら」「いつも」「すごい」「ほんまに」「全部」「絶対に」と、つねに最上級の形容詞とともに描かれることで全くあいまいさのない姿を取る。もっとも苦しかったときに支えたこと、小学生のころから大人になるまで継続的に支え続けたという連続性という2つの側面が際立つ。

「自分の責任」だと思って1人暮らしを始めて「無理」になったときも、誰にも頼れなかったときにも実はガニさんが「ずっと」「ひたすら」Aさんを支えていた。この支えがなかったとしたら本当に破綻していただろう。

4　受刑中の母親との交流

◆両義的なコミュニケーション

Y市に引っ越し、1人暮らしを試みてからまたY市に戻り、底付き体験から自立に転じるプロセスの終盤で、受刑中だった母親とのコミュニケーションが回復する。

かつての薬物使用の場面は、母親が（物理的にも心理的にも）Aさんたちきょうだいから離れていっていく様子が語られていた。そのころについての語りでは母親のセリフは登場していない。ただはぐらかされたという形でコミュニケーションがすれちがう様子だけが登場した。この語られ方自体に関係が表現されているだろう。

母親との具体的な会話は、受刑中の場面で初めて登場する。

〰〰〰

Aさん：電話ができるんですよ、家族と。それができるぐらいに〔母は〕まじめにやってて。〔…〕1週間前ぐらいに、「この日の月曜日に電話できます」みたいな感じ〔の連絡〕が来て、電話するんですけど。でも電話できるの5分、10分。ちょっと忘れちゃったんですけど、そんな感じなんですよ。その5分10分で、何を伝えるかっていうので、いっぱい伝えたい思いなんてあるんですけど、でもほとんどはけんかしてましたね。「ママのせいでこうなったんや」とか、そんなんばっかりで。けんかしてましたね。でも次、電話できるからっていうので、だんだん新しい生活に近づいてるなって感じはすごいしたし。

手紙とかももう、すごい来てたんで。手紙も月に何通とかって多分、決まってるんですよ。そんときも手紙でもけんかやし、手紙でも○○が、私が殴り書きで、ぼろくそに書いたりとかしてましたね。今まではそういうことは知らなかったふりをしてたんで。でも「全部、知ってたよ」っていうのを全部、殴り書きで書いたって感じですね。ひたすら「ママが言えることはごめんしかない」っていう返事ばっかりで。すごいママからしたら傷つく、ママが悪いんですけど、傷つくようなことをすごい私は書いてたんですよ。だから返信にも困っちゃって、何も書けなくて、また手紙が来ないとかってなって。それに、手紙が来ないことに対してもまた不安になってもうてみたいな。（1回目8a）

受刑中の母親との電話には、Aさんが母親に対して持っていた両義的な感情が現れている。母親に「いっぱい伝えたい思い」があるのに、いざ電話に出ると「ママのせいでこうなったんや」と非難してしまう。これが受刑中という条件のもとでのAさんの応答だった。

この箇所で「でも」に新たな使い方が生まれる。今までは〈隠している「でも」知っている〉〈気づいている「でも」言わない〉という、知をめぐるあいまいさの表現だった。ここでの「でもほとんどはけんかしてました」「でも次、電話できるから」の「でも」は、伝えたいことがあるというコミュニケーションのなかでの感情の揺れ動きだ。「でも」という語りの焦点が、薬物をめぐる状況のあいまいさから、Aさんと母のコミュニケーションの両義性へと移動する。

「ママのせい」は、さきほど本当は「ママのせいなのに自分が悪い」と思って父親に気づかうという形で初登場した。今回は、「いっぱい伝えたい思い」があるのに母親自身に向けて「ぼろくそに」言うという屈折した表現の契機である。

そして手紙でも「殴り書きで、ぼろくそに」書くのに、返事がないと不安になる。「ママのせい」「ママが悪いんですけど」という繰り返される言葉は単に非難しているのではなく、母親に対する「いっぱい伝えたい思い」がカモフラージュした姿だ。こどもの里に住んでいたかつてはどこへ向けてというわけでもなく「暴れて」はっきりとは言葉にならなかった思いが、母親へ向けた言葉へと分節されるという変化である。この場面は「私」という主語でほとんど語られているのだが、1箇所だけ「手紙でも○○が」と愛称が登場することで、情動が入り込んでいることが分かる。そして一貫して「お母さん」ではなく「ママ」である。

「全部、知ってたよ」というのは、「知る」「知らない」「気づく」「気づかない」という知をめぐるあいまいさの行き先である。今までは「知ってる」と「(分からないことがあるから) 知りたい」の両義性だったが、逮捕のあとは「全部知ってたよ」と全知に変化する。「ママのせい」と言いうるのも、Aさんが知っているということを宣言しうるからである。実際はどうか、という問題ではなく、「全部知ってた」と語りうる状況は何なのかということが問題になる。「全部知ってた」と語りうるのは状況を統御し自ら意思決定できる人だ。それゆえに自立のプロセスのなかでこの言葉が登場している。

服役中の面談のなかで母親もAさんの心持ちも大きく変わる。

Aさん：面会とかできるときは絶対に行ってたし。でも面会するにつれて、どんどんママの表情が全然変わってくるんですよ。ちょっとむっちりしてきたりとか。もちろんタバコも吸えないじゃないですか。薬もできない。だからやっぱり体形も、めっちゃがりがりやったんですよ。だけどめっちゃ、だんだんぷくぷくしてきて。表情もすごい柔らかくなったんですよ。全然違うんですよね。それが、だんだん面会するうちに分かっていって、それもうれしかったし。だんだん新たな一歩に近づけてるっていうのも、すごい実感してたし。でもいつ会えるかって考えたらまだまだやしって考えてたけど。いざ帰れるってなったときも、いついつ帰れるっていう連絡はないんですよ。1週間前ぎりぎりになって来るみたいな感じなんですよね。帰ってきたときはもちろんうれしかったし。(1回目11a)

「うれしい」にはあいまいさがない。インタビュー前半のあいまいさと大きなコントラストをなしている。そして「絶対」という言葉は、先ほどはガニさんへの信頼について使われていたが、ここでは母への思いに使われる。

インタビュー冒頭では、薬物を使用したために「だんだん」お迎えの時間が遅くなると、母親の状態が悪化する場面で「だんだん」が登場していた。ここでは「だんだんぷくぷくして」「だんだん面会するうちに分かって」「だんだん新たな一歩に近づけてる」と「だんだん」回復する様子が語られる。「だんだん」悪化し、そのあと「ずっと」困難が続くなかで逮捕を経過し、「だんだん」回復して元の生活に戻るというように全体が枠づけられている。

5 現在の生活

◆反転1——こどもの里の意味が変化する

ガニさんに支えられたAさんは、「やっぱママが帰ってきたらどうにかなるっていう考えが結構あった」という（9b）。最後に母親が帰ってきてからの場面をとりあげる。前節までは回想の語りだったが、ここからは現在の状況についての語りになる。母親が出所してからすでに数年経っていても母親が出所してからが「現在」で、受刑中までが「過去」という形で経験が区分されている。

Aさん：もうママが〔刑務所から〕出てきてn年ぐらいたつんですかね。ずっと仕事もしてるし。ずっと介護の仕事してたんですよ、当時も。今も変わらず介護の仕事してて。でもでこうなってるって分かってるから、頑張ってるんでしょうね。毎日ほんまに休みもなく、逆に心配なんですけど、〔…〕今はもうやっと安心して生活できて、また元の家庭に戻りつつ、戻りつつっていうか戻ってるって感じですね。
だから今になって里のありがたさとか、存在が分かったし。あと何やろ。もっと自分がこういう人たちのことを守っていきたいとか、支援していきたいとかっていう思いにつながって。（1回目96）

Aさんの場合、母親が出所して安定的な生活を始めたときに、「安心して生活」できるようになる。安心の回復は、「元の家族に〔…〕戻ってる」という形を取る。初犯で逮捕されて一時家に帰ったときにも「いつものお母さん」に戻ったと語られていた。Aさんのなかには小さいころの母親と家の姿が、原風景として残っておりそれが壊れることはなかったということが分かる。このことはおそらく強みの1つだろう。

そして安心を獲得したときに、かつて反発もした「〔こどもの〕里のありがたさとか、存在」を自覚するとともに、「自分がこういう人たちのことを守っていきたいとか、支援していきたい」というように将来の自分へ向けて自分自身を獲得していく。つまり安定してからふりかえったときに、かつて自分を支えていた土台の気づきと、自立し願いを実現するという仕方で自分自身を作っていくという2つのことが成就するのだ。

「ママのせい」はここで「〔母自身が〕自分のせい」と考えているという形に変わる。整理すると、（1）「ママのせいで」のモチーフは、はじめ「パパ」がAさんの眼前で薬物を使用した母親を責めて、それを引き受けたAさんが「自分を責める」かたちで登場する。（2）次はAさん自身が「ママのせい」と母親を責める。このとき、宛先だった母親は黙ってしまう。（3）次に母親が出所してきて、「自分のせい」だと分かってるので「頑張ってる」となる。

つまり最初の「ママのせい」が父親からAさんに向けられた言葉でありAさんは「自分の責任」と変換した。次に「ママのせい」はAさんから母親を責めるときの背景にある思いであった。最後に母親自身が「自分のせい」と内面化して母親自身の行動につながる。このとき母への帰責はAさんの感情から切り離されている。つまりAさんと母が分離する。「ママのせいで」という帰責が最終的に、母親が自分で自分の責任を負って自立することへとつながる。

◆反転2――「ママのせい」から「ママ〔たち〕の生きづらさ」へ

この「ママのせい」のモチーフは、さらにもう一段階変化する。次の引用は前の引用に続く語りである。

Aさん：支援していきたいとかっていう思いにつながって。でもやっぱり最終的には自分の経験からして、子どもを助けるとかっていうのって、したいとは思ってるんですけど、子どもだけじゃなくて、ほんまにお母さんとかも、やっぱり私は助けてあげたいっていうか、支援してあげたいっていう気持ちがすごい今は大きいですね。もちろん、私たちみたいにいい方向に進んでいってたらいいと思うんですけど、もしママがもう一回、出てきてまた薬してしまってっていうのになったら、多分、今の自分おらんと思うし。それってもちろん、世間から見たら「自分が悪いんやろ」って、例えばママに対してとかやったら、「そんなママが悪いやろ」ってなるけど、でも絶対ママもどっかで生きづらさ感じてるっていうか、そういうのがあると思うから。だから私たちの、自分の人生、家族の話でいうと、ママは助けたい、みたいな感じですね。子どもはもちろんやけど。ここで、もし里がなかったら、私たちもどうなってたか分からへんし。（1回目9c）

Aさんは母親を心配し続けるとともに「ママのせい」という言葉を何度も使った。この両義性が昇華されたときにAさんは、「〔他の〕お母さんとかも、やっぱり私は助けてあげたいっていうか、支援してあげたい」というように、支援者へと自分を作り、そして社会のなかの母親に目を向けるようになる。

このとき「でもママのせい」だったものは、「世間から見たら〔…〕「そんなんママが悪いやろ」ってなるけど」と社会からの不当なラベリングとして語られ、Aさん自身の立ち位置は反転される。すなわち「でも絶対ママもどっかで生きづらさ感じてる」から「ママは助けたい」となるのだ。そしてここで世間の母親一般とAさんの「私たちの、自分の人生、家族」が混ざり合う。Aさんのなかでは自分自身の経験から、職業へと一直線につながっていることがここからも分かる。

「でも」の使い方は3段階の変化をたどった。薬物のことについて〈気づいていない「でも」ごまかされる〉から、〈ママに伝えたい「でも」けんかしてしまう〉という母へのコミュニケーションを通して、さらに〈そんなんママが悪いんやろと言う人がいるが「でも」絶対ママもどっかで生きづらさを感じてる〉と、広い文脈のなかでの母親への理解を示し、支援者としての立ち位置を獲得することにつながっている。こうしてAさんは自分の母親から支援者として社会のなかの母親たちへと眼差しを向ける。「でも」の用法の変化はAさん自身がたどってきた困難の歩みと自立のプロセスを反映している。

1つ前の引用とほぼ同じように、「守りたい、支援したい」「助けてあげたい、支援してあげたい」と2重になっていることに意味があるかもしれない。2回繰り返される「うれしかったし」にもAさんの思いが表されている。社会のなかの母親たちを助けたいという形でAさんは自立する。前の段落でAさんと母親が感情の水準で分離された場面を記述したように、自立のプロセスにはいくつかのステップがある。

まとめ

最後に、Aさんに何が一番大事な支援だったか尋ねた答えを引用して本稿を閉じたい。

Aさん：やっぱり「認めてもらう」ですかね。認めてもらうこと、大人が自分のことを認めてくれるっていうのが、やっぱり立ち直れる1つのあれかなって思います。だから今でも頑張ろうって思えるし。里とか中学校とかにも、自分がこうやって頑張ってきて、社福士を目指してるってこと自体が恩返しになってるといいなって思います。（1回目22）

母親が薬物を使用していた当時のAさんは、母親を心配し、妹と弟を独りにしないようにつねにともに行動していたヤングケアラーであった。ヤングケアラーであることは、Aさんの場合薬物についての周囲の大人に語らなかったことと結びついている。Aさんの状況は外から見ると制度のすき間で困窮することだが、Aさんの視点から見ると、〈薬物使用に気づいている「でも」母からごまかされる〉、〈周囲も気づいているはず「でも」言われない〉、〈見つけたところでしょうがない「でも」これが何かっていうのを知りたかった〉といった、知ることをめぐるあいまいさがすき間を特徴づけている。「すき間」や「ヤングケアラー」という名称は支援者・研究者から見た形容である。その場所を生きている人は概念でくくることはせずに多様な仕方でそれぞれの経験を生きている。Aさんの場合は「でも」で特徴づけられていた分かりにくい困難だった。

Aさんが支援者の道に進むという仕方で経験を昇華することができたのは、こどもの里という幼少時からの居場所がつねに支えになったからであり、なかでもスタッフのガニさんが伴走し続けたからであるのは言うまでもないだろう。Aさんが経験したこどもの里という居場所は、生存の支えであるとともに、「でも」で示されていたあいまいな状況をAさん自身が解消していくプロセスの伴走者だ。「認めてくれる」人としてガニさんをはじめとした人たちに囲まれていたことが、Aさんの力の発揮に欠かせない要素だったろう。

こどもの里が重要であるとはいえ、語りを詳細に分析したときには、Aさん自身の強さと、母親への思いを昇華したことが、大きいことが分かる。現在のAさんは、単純に自分の困難をふまえて母子を助けたいという結論にいたったのではないだろう。「ママのせい」で苦労をしたという思いを自分の母親に強くぶつける場面を経過したうえで、「絶対ママもどっかで生きづらさ感じてる」と反転することで、支援者として自分自身を見出すのだ。知ることをめぐるあいまいさは、母親をめぐる状況を詳細に知ろうとするプロセスを通してAさんの主体性を形作る。そして最後に〈おそらくは専門的に学んだ福祉の知識とともに）困難を抱えている人をめぐる支援者の「知」という仕方で成就しているのだ。

注

1　厚生労働省「社会的養護の現状について」（2017）によると２０１７年にファミリーホームは全国に３４７か所存在し委託人数は１４３４人だった。児童養護施設、里親、ファミリーホームを合わせると約３万３０００人が社会的養護のもとにあったなかの一部である（里親は５４２４人）。https://www.mhlw.go.jp/file/06-Seisakujouhou-11900000-Koyoukintoujidoukateikyoku/0000187952.pdf（２０２１年６月６日閲覧）

2　澁谷智子は次のようにヤングケアラーを定義している。「ヤングケアラーとは、家族にケアを要する人がいるために、家事や家族の世話などを行っている、一八歳未満の子どものことである。慢性的な病気や障がい、精神的な問題などのために、家族の誰かが長期のサポートや看護、見守りを必要とし、そのケアを支える人手が十分にない時には、未成年の子どもであっても、大人が担うようなケア責任を引き受け、家族の世話をする状況が生じる。」（澁谷智子『ヤングケアラー――介護を担う子ども・若者の現実』中公新書、２０１８年、i頁）。現在行政でもメディアでも盛んに報道されるようになったが、報道では身体疾患を抱えた家庭を多く取り上げている。しかしAさんの語りからも分かるとおり、西成区で私が眼にすることが多いのは親の精神疾患や依存症にともなうヤングケアラーだ。

3　社会的養護を経験した当事者の詳細なライフストーリーとその分析という形を取る文献は少ないようだ（社会的養護経験者ではないが、永山則夫の精神鑑定書を扱った堀川恵子『永山則夫――封印された鑑定記録』（講談社文庫、２０１７年）が近い）。児童養護施設において子どもの人生を言葉で再構成していくライフストーリーワークが盛んであるが、本稿は成人した時点から詳細に振り返って実際に何が起きていたのかを聞き取っているという点で、稀なものでありそうだ。インタビューを用いた質的研究としては永野咲『社会的養護のもとで育つ若者の「ライフチャンス」』（明石書店、2017年）、谷口由希子『児童養護施設の子どもたちの生活過程』（明石書店、2011年）、林明子「生活保護世帯の子どものライフストーリー」（『教育学研究』79(1)、2012）。林の論文は生活保護世帯の子どもが置かれるヤングケアラーとしての側面を的確に描き出している。

4　厚生労働省「社会的養護の現状について」によると2017年度児童養護施設出身で大学進学率は12・4％、専修学校等が11・6％だった（全高卒者のうち各52・2％、21・9％）。まだまだ、高等教育に進む機会に恵まれていないことが分かる。（注1参照）

5　さきほど「だんだん」お迎えの時間が遅くなった行き着く先で「ずっと」困窮が続くことになった。ここでも「だんだん」薬物に気づいていたが、「ずっと」ごまかされていた。つまり「ずっと」あいまいな知の状態に置かれたのだ。ここでも「だんだん」から「ずっと」にいたるベースのリズムの移行が見られる。

文献

林明子（2012）「生活保護世帯の子どものライフストーリー」『教育学研究』79(1)
厚生労働省（2017）「社会的養護の現状について」https://www.mhlw.go.jp/file/06-Seisakujouhou-11900000-Koyoukintoujidoukateikyoku/0000187952.pdf
村上靖彦（2021）『子どもたちがつくる町――大阪・西成の子育て支援』世界思想社
永野咲（2017）『社会的養護のもとで育つ若者の「ライフチャンス」』明石書店
澁谷智子（2018）『ヤングケアラー――介護を担う子ども・若者の現実』中公新書
谷口由希子（2011）『児童養護施設の子どもたちの生活過程』明石書店

渋谷 亮（しぶや・りょう）【第5章】
龍谷大学文学部准教授。博士（人間科学）。専門は教育思想史、教育哲学、教育人間学。特に精神分析における子ども論の研究、および発達障害などの子ども支援に関する研究。主な論考に「動く世界を生きる」（『現代思想 』vol.46-17、2018年）、共著として『発達障害の時代とラカン派精神分析』（上尾真道・牧瀬英幹編、晃洋書房、2017年）、翻訳書としてブルース・フィンク『「エクリ」を読む』（上尾真道、小倉拓也との共訳、人文書院、2015年）などがある。

久保 樹里（くぼ・じゅり）【第6章】
花園大学社会福祉学部社会福祉学科准教授。社会福祉士。公認心理師。修士（福祉社会学）。専門は、ソーシャルワーク、子ども家庭福祉。長年の児童相談所での勤務経験を活かし、社会的養護出身の若者の自立支援や社会的養護のもとで育つ子どもたちが生い立ちを自分のものとするライフストーリーワーク、子ども福祉分野の支援者支援活動にかかわる。主な著作に『子どもを支える家庭養護のための里親ソーシャルワーク』（ミネルヴァ書房、2020年）などがある。

◉執筆者紹介（執筆順、【　】は担当）

大塚 類（おおつか・るい）【第1章】

東京大学大学院教育学研究科准教授。博士（教育学）。専門は、現象学的質的研究、臨床教育現象学。児童養護施設や小学校といった教育実践現場にボランティアとしてかかわりながら、虐待・発達障害・学校不適応といった臨床問題について事例研究を行っている。主な著作に『施設で暮らす子どもたちの成長──他者と共に生きることへの現象学的まなざし』（東京大学出版会、2009年）、『さらにあたりまえを疑え！──臨床教育学2』（新曜社、2020年）などがある。

遠藤 野ゆり（えんどう・のゆり）【第2章】

法政大学キャリアデザイン学部教授。博士（教育学）。専門は、臨床教育現象学。発達障害や児童虐待等、さまざまな生きづらさを、学校やフリースクール、児童福祉施設などでのボランティア経験に即し研究している。主な著作に『虐待された子どもたちの自立──現象学から見た思春期の意識』（東京大学出版会、2009年）、『エピソード教育臨床──生きづらさを描く質的研究』（創元社、2014年）などがある。

永野 咲（ながの・さき）【第3章】

武蔵野大学人間科学部社会福祉学科講師。社会福祉士。博士（社会福祉学）。NPO法人IFCA副理事長。専門は子どもと家庭の福祉。特に社会的養護を経験した若者たちのその後の把握と当事者の参画にかかわっている。主な著書に『社会的養護のもとで育つ若者のライフチャンス』（明石書店、2017年）、『シリーズ子どもの貧困④大人になる・社会をつくる』（明石書店、2020年）などがある。

佐藤 桃子（さとう・ももこ）【第4章】

島根大学人間科学部講師。社会福祉士。博士（人間科学）。専門は福祉社会論、子ども家庭福祉、デンマークの福祉。研究の関心は日本と北欧における子どもと家族への支援にあり、大阪・滋賀・島根で子ども食堂など子どもの居場所づくりの実践を調査している。主な著作に『子どもと地域の架け橋づくり』（共著、全国コミュニティライフサポートセンター、2020年）などがある。

◉編著者紹介（【　】は担当）

村上 靖彦（むらかみ・やすひこ）【第7章】

大阪大学人間科学研究科教授。基礎精神病理学・精神分析学博士（パリ第七大学）。専門は現象学的な質的研究。主な著作に『母親の孤独から回復する――虐待のグループワーク実践に学ぶ』（講談社選書メチエ、2017年）、『在宅無限大――訪問看護師がみた生と死』（医学書院、2018年）、『子どもたちがつくる町――大阪・西成の子育て支援』（世界思想社、2021年）、『ケアとは何か――看護・福祉で大事なこと』（中公新書、2021年）、『交わらないリズム――出会いとすれ違いの現象学』（青土社、2021年）などがある。

すき間の子ども、すき間の支援

一人ひとりの「語り」と経験の可視化

2021年9月10日　初版第1刷発行
2021年11月10日　初版第2刷発行

編著者　村上靖彦
発行者　大江道雅
発行所　株式会社　明石書店

〒101-0021　東京都千代田区外神田6-9-5
電話　03（5818）1171
FAX　03（5818）1174
振替　00100-7-24505
http://www.akashi.co.jp

装幀　HI（NY）
印刷　株式会社文化カラー印刷
製本　協栄製本株式会社

（定価はカバーに表示してあります）　ISBN978-4-7503-5251-0